बाघ और सुगना मुण्डा की बेटी

बाघ और सुगना मुण्डा की बेटी

(लम्बी कविता)

अनुज लुगुन

वाणी प्रकाशन

वाणी प्रकाशन
4695, 21-ए, दरियागंज, नयी दिल्ली 110 002
शाखा
अशोक राजपथ, पटना 800 004
फ़ोन : +91 11 23273167 फ़ैक्स : +91 11 23275710
www.vaniprakashan.in
vaniprakashan@gmail.com
sales@vaniprakashan.in

BAGH AUR SUGNA MUNDA KEE BETI
by Anuj Lugun

ISBN : 978-93-5229-655-2
Long Poem

प्रथम संस्करण 2017
आवृत्ति 2018

मूल्य : ₹ 150

सिटी प्रेस, दिल्ली-110 095 में मुद्रित

वाणी प्रकाशन का लोगो मक़बूल फ़िदा हुसेन की कूची से

ऑपरेशन ग्रीन हंट के विरोध में
उन सन्तालों को
जो सिर्फ़ सन्ताल नहीं हैं
जो गीतों में हैं, प्रतीकों में हैं
मिथकों में हैं
दुनिया भर में जिन्होंने वर्चस्व के ख़िलाफ़
सहजीविता की लड़ाई लड़ी है
जिन्होंने सवाल खड़े किये
जिनके यहाँ जीवन का विकल्प मौजूद है,
जयपाल सिंह मुण्डा और
रेड इंडियंस के पुरखों को
जिन्होंने कहा कि
"यह धरती केवल मनुष्यों की नहीं है"

अनुक्रम

भूमिका
9
सहजीविता की बात
25
बाघ और सुगना मुण्डा की बेटी
29
अथ कथा प्रवेश
31
बाघ
33
सुगना मुण्डा
36
सुगना मुण्डा की बेटी
45
सहिया शब्द
110

जन-मुक्ति-संघर्ष की कविता

'बाघ और सुगना मुण्डा की बेटी' केदारनाथ सिंह की 'बाघ' कविता के बाद हिन्दी की अकेली कविता है, जिसमें 'बाघ' पर विस्तारपूर्वक विचार कर उसकी सम्यक पहचान की गयी है। 'बाघ' इस कविता के पहले समकालीन हिन्दी कविता में उपस्थित और चित्रित नहीं हुआ था। कवि बाघ का ठिकाना केवल जंगल नहीं मानता। बाघ जितनी संख्या में जंगल में हैं, उससे कहीं बड़ी संख्या में जंगल के बाहर हैं। बाघ के ठिकाने और स्वरूप के बदलने से कविता के स्वरूप में भी परिवर्तन हुआ है। इस लम्बी कविता के तीन कथा खण्ड हैं—बाघ, सुगना मुण्डा और सुगना मुण्डा की बेटी। 'बाघ' खण्ड आरम्भ के तीन पृष्ठों में है, 'सुगना मुण्डा' खण्ड नौ पृष्ठों का है और 'सुगना मुण्डा की बेटी' वाला खण्ड सबसे बड़ा है—पैंसठ पृष्ठों का, जिसके चार भाग हैं।

इस सर्वमान्य धारणा का कि बाघ का स्थायी वास जंगल है, इस कविता में खण्डन है। पहाड़ के एक ओर जंगल है और दूसरी ओर राजधानी है, जहाँ बाघ है। राजधानी में विधानसभा है, विधायक हैं, मन्त्री हैं, सत्ता पक्ष और विपक्ष है, धनी, सम्भ्रान्त, शिक्षित जन हैं। यह बाघ भूमण्डलीकरण के बाद का है; जिसके "हमलों ने/समूची पृथ्वी को दो हिस्सों में बाँट दिया है।" बाघ का रूप बदल चुका है। कविता में बाहर के बाघ से कहीं अधिक भीतर के बाघ की पहचान पर कवि का ध्यान है। आदमी का बाघ बनना एक नयी घटना है। कविता में 'कुनुईल', 'चानर-बानर' और 'उलटूबग्घा' का कई बार ज़िक्र है। 'कुनुईल' और 'चानर-बानर' शब्द मुण्डारी का है और 'उलटूबग्घा' सदानी भाषा का शब्द है। इन तीनों के हिंसक स्वरूप हैं। ये अपने ही स्वजनों का शिकार करते हैं। मुण्डाओं की दन्तकथाओं और किंवदन्तियों में बाघ बनने की कला का उल्लेख है।

'बाघ और सुगना मुण्डा की बेटी' कविता में मुण्डा समाज, आदिवासी समाज केन्द्र में है, पर यह आज के उपेक्षित, दलित, पीड़ित समाज की ओर

भी अग्रसर होती है, जो बाघ के हिंस्र हमले का शिकार है। बाघ को पहचानना कठिन है क्योंकि वह 'सभ्यता का उद्घोषक' है, उसमें सत्ता का अहं है। कविता के व्यापक विषय-क्षेत्र में 'मानव सभ्यता का इतिहास' भी है, जिसके 'एकांगी और एकतरफ़ा ज्ञान' पर कवि ने प्रश्न खड़े किये हैं। मानव सभ्यता के इतिहास ने जिस वर्चस्व को जन्म दिया, उसी वर्चस्व का शताब्दियों-सहस्राब्दियों से पालन किया जा रहा है। मानव सभ्यता का इतिहास सम्भवतः पहली बार किसी हिन्दी कविता में प्रश्न के घेरे में है। कविता में ज्ञान-सम्बन्धी एक समन्वित, समग्र दृष्टि प्रस्तुत हुई है। सभ्यता और ज्ञान-विज्ञान की मुख्य, वर्चस्ववादी धारा का कविता में प्रबल शब्दों में अस्वीकार है। वैदिक ग्रन्थ, धर्मग्रन्थ, महाकाव्य, ब्राह्मण में जो गन्ध रहित फूल थे, वे बाद में भी गन्ध रहित रहे। आर्यों का आगमन, कोलम्बस का दम्भ, और 'वास्कोडिगामा की दुनियादारी' से कवि प्रभावित नहीं है। इतिहास को देखने-समझने की उसकी दृष्टि 1764, 1830, 1832 और 1855, जो संघर्ष के ऐतिहासिक वर्ष हैं, से बनी है। इस समय में वह फूल को खिलते देखता है—'उलगुलान में, भूमकाल में, मानगढ़ में' बिना संघर्ष और प्रतिरोध के दुनिया सुन्दर नहीं हो सकती। क्रान्ति और परिवर्तन के खिले फूलों पर कवि की दृष्टि है। बिरसा मुण्डा को उसने एक खिले फूल के रूप में देखा है—"और एक दिन फूल खिला/सुगना मुण्डा के घर में।"

कविता में नये समय और समाज की रचना उन कवियों का कार्यभार है, जो समय और समाज को बदलने को कृत संकल्प हैं। वर्चस्व के इतिहास की तरह वर्चस्व के प्रतिरोध का भी अपना एक इतिहास है, इसे वे कवि नहीं समझ सकते, जिन्हें अपने वर्चस्व की चिन्ता है। आदिवासी समाज में वर्चस्व का कोई स्थान नहीं है। वहाँ वर्चस्व का निषेध है, प्रतिरोध है। यह समाज भेदभाव रहित है। कविता में इस समाज की आन्तरिक संरचना के बदलने की चिन्ता है। अपने समाज के सशक्त प्रतिनिधि कवि के रूप में अनुज लुगुन इस कविता में उपस्थित हैं। हिन्दी में लिखी गयी आदिवासी जीवन, समाज, चिन्ता की कविता में अनुज लुगुन सर्वोपरि हैं, पर उनकी चिन्ताएँ कहीं बड़ी और वैश्विक हैं। कविता में बार-बार 'सहजीविता' की बात कही गयी है। आदिवासी समाज में जो 'सहजीविता' थी, वह क्रमशः नष्ट होती गयी है। 'पूर्वजों की सहजीविता' की चिन्ता कवि को है। अपने पूर्वजों से विच्छेद का अर्थ उसके लिए अपने अस्तित्व की रीढ़ का तोड़ा जाना है। आदिवासी संस्कृति और ग़ैर-आदिवासी सभ्यता-संस्कृति में अन्तर है। विडम्बना यह है कि आदिवासी संस्कृति दूसरों को प्रभावित नहीं

कर सकी और स्वयं दूसरों की विघटनकारी सभ्यता से प्रभावित हो गयी। यह कविता एक व्यापक अर्थ में कई विमर्शों की ओर हमारा ध्यान दिलाती है, जो अभी कहीं नहीं हैं। सारे विमर्श आदिवासी जीवन और समाज से जुड़े हैं। इन दिनों जो 'आदिवासी विमर्श' चल रहा है, उससे यह कविता सर्वथा अलग है। कवि की चिन्ता यह है कि "हमारे अन्दर वर्चस्वकारी संस्कार आरोपित किये जा रहे हैं/...हम भी सभ्यता के भ्रम में करने लगे हैं/बेटियों की पहचान बेटों से अलग।" मातृसत्तात्मक समाज में पितृसत्ता का यह प्रवेश और आगमन आदिवासी समाज के लिए एक दुर्घटना की तरह है। आदिवासी समाज मुख्यधारा के प्रभाव में आकर छिन्न-भिन्न हो रहा है, बिखर रहा है—"हम बिखर रहे हैं/हम भूल रहे हैं अपनी सहजीविता/लैंगिकता के साथ पितृसत्ता का स्वीकार।"

एक गहरे आत्ममन्थन और विचार-चिन्तन से जन्मी यह लम्बी कविता हिन्दी की लम्बी कविताओं में अपना विशेष स्थान रखती है। कवि-चिन्ता बड़ी है, दृष्टि सर्वांगीण है, लगभग परिपक्व इतिहास-दृष्टि है और सबसे बड़ी बात यह है कि संघर्ष और प्रतिरोध में उसकी आस्था अटूट है। आश्चर्य है कि 'पक्षधर' पत्रिका (जुलाई-दिसम्बर 2014) में प्रकाशित होने के दो वर्ष बाद भी इस कविता पर अधिक ध्यान न तो हिन्दी कवियों का गया और न आलोचकों का, जबकि यह कविता समकालीन हिन्दी कविता में एक धमाके (शोररहित) की तरह उपस्थित हो सकती थी। सुगना मुण्डा अपने को 'जंगल के पूर्वज' मानता है और जंगल को अपना पूर्वज स्वीकारता है। कविता में दुश्मन 'जंगल का प्राकृतिक बाघ' नहीं है—जंगल को पहली बार हिन्दी कविता में केवल जंगल के रूप में न देखकर दूसरे रूपों में देखा गया है—"वह तो एक दर्शन है/पक्षधर है वह सहजीविता का/दुनिया भर की सत्ताओं का प्रतिपक्ष है वह।" सुगना मुण्डा अपनी बेटी बिरसी से यह कहकर जंगल को नये रूप में समझने की दृष्टि देता है। जंगल को ख़तरा जंगल के बाघ से नहीं है। जंगल में कोई हत्यारा नहीं है। हत्यारा जंगल के बाहर है। जंगल का बाघ 'भूख की तरह अनुशासित' है। यह कविता केवल आज के समय में नहीं, उस समय में भी प्रवेश करती है, जब लिपियाँ नहीं थीं। लिखित शब्द नहीं थे। कविता मौखिक थी, लिपिबद्ध नहीं। उस समय भी गीत गाये जाते थे। सुगना मुण्डा तब भी गीत गाता था। वह एक व्यक्ति, एक चरित्र न होकर उन सभी आदिवासियों का प्रतीक है, जिसका पेड़ों, पत्थरों पर कहीं अधिक विश्वास था, पृथ्वी पर भरोसा था क्योंकि "चेतना और विचार/उसी के उपादानों से आते हैं।" यह कविता सभ्यता के विकास की बहुमान्य अवधारणा पर प्रश्न खड़े कर लिपि पूर्व सभ्यता का उल्लेख करती है। सभ्यता की जो विकास कथा है, उससे

कवि सहमत नहीं है। कविता, इतिहास, दर्शन, विज्ञान सब पहले मौखिक रूप में ही था। बाद में लिखित रूप आया और लिखित ही प्रामाणिक बना—"लिखित ही वैध था/वही सभ्य और सांस्कारिक था/और लिखा वही जा रहा था/जो विजेता चाह रहा था।" विजित 'लेखन के अयोग्य' समझे गये। जहाँ तक चेतना और विचार का सवाल है, वे सर्वत्र एक समान नहीं रहे। विजितों में भी चेतना थी और वे विचार हीन नहीं थे। चेतना और विचार की निर्मिति पर कवि का ध्यान है। सभ्यता के विकास के बाद ही, पहले धीमी गति से और बाद में तीव्र गति से ज़मीन, जंगल, नदियाँ, आदिवासी, उनके सहजीवी सभी ख़तरे में पड़े। "कभी भी/सुगना मुण्डा के फूलों के रंग को/ग्रन्थों और पोथियों में नहीं लिखा गया।"

प्रभुत्व के इतिहास की तरह 'जनवादी संघर्ष' का भी अपना एक इतिहास है। 'सम्भ्रान्त', 'सवर्ण' और 'पैतृक' मानस, पितृसत्ता, राजसत्ता, धन (अर्थसत्ता) सत्ता, धर्मसत्ता के विरुद्ध यह कवि वर्णाश्रम व्यवस्था और तथाकथित भद्र-सम्भ्रान्त जन के भी विरुद्ध है। वह 'समसत्ता का पितृसत्तात्मक भाष्य' रचे जाने और 'अनूदित भाषा के व्यवहार के प्रचलन' के ख़िलाफ़ है। उसकी सबसे बड़ी चिन्ता आदिवासियों की सहजीविता के नष्ट होते जाने की है। सहजीविता के बिना आदिवासी की कल्पना नहीं की जा सकती। जो सहजीवी नहीं है, वह आदिवासी नहीं है। "सहजीविता की समझ ही ज्ञान है/संवेदनाओं, अनुभूतियों की पहचान ही ज्ञान है/ज्ञान प्रतिस्पर्धा नहीं, प्रेम सिखाता है/प्रकृति और मनुष्य/मनुष्य और प्रकृति की सहजीविता/समूह में सम्भव है/इस सहजीविता का आगामी पीढ़ी में बीजारोपण करना ज़रूरी है/जिससे बाघ पर अंकुश लगे।" अंकुश लगाने के लिए ज़रूरी है सहजीविता। अनुज लुगुन सभ्यता और उसके विकास पर ही सवाल नहीं करते, 'ज्ञान' को लेकर जो बनी हुई समझ है, उसे भी खण्डित करते हैं और ज्ञान को प्रेम से जोड़ते हैं। प्रतिस्पर्धात्मक दौर में प्रतिस्पर्धा का नकार और प्रेम का स्वीकार एक कवि ही कर सकता है। हमारे समय के कई कवि एक-दूसरे से प्रतिस्पर्धा कर रहे हैं। ऐसे काव्य परिदृश्य में एक युवा कवि का प्रतिस्पर्धा के स्थान पर प्रेम को महत्त्व देना, स्थापित करना सच्चा कवि-कर्म है। इस लम्बी कविता में एक स्थान पर कवियों को सम्बोधित किया गया है—"कवि! तुम वहाँ देखो/जहाँ कारीगर की/इतनी अधिक घिसी हुई खुरदुरी हथेली है कि/वह अपने बच्चों और पत्नी को/अपनी ही कला उपहार में नहीं दे सकता।" अगर सभी कवियों की निगाहें 'घिसी हुई खुरदुरी हथेली' पर पड़ी होतीं तो यह लिखने की कोई आवश्यकता नहीं थी।

यह कविता भावावेश में नहीं लिखी गयी है। एक सघन विचार-चिन्तन पूरी

कविता में आद्यन्त मौजूद है। सुगना मुण्डा की बेटी बिरसी कवि की काल्पनिक सृष्टि है। बिरसा की बहन को बिरसी नाम देना संगत है। कविता के तीसरे खण्ड 'सुगना मुण्डा की बेटी' के आरम्भ में ही दण्डकारण्य के गाँवों—बीजापुर, सिर्केगुडम, कोथागुडम, राजुपेंता और जागामुण्डा का ज़िक्र है। दण्डकारण्य में 'मासूम, नाबालिगों की बिखरी लाशें' हैं। वहाँ रात में 'गोलियों और विस्फोटकों की आवाज़' गूँजती है। जंगल जल रहा है। इस कविता को पढ़ते समय मुक्तिबोध की 'अँधेरे में' कविता की याद स्वाभाविक है। यह मुक्तिबोध का जन्मशती वर्ष है। 'अँधेरे में' के साथ 'बाघ और सुगना मुण्डा की बेटी' का पाठ किया जाना चाहिए। मुक्तिबोध ने 'अँधेरे में' कविता में लिखा था—''कहीं आग लग गयी, कहीं गोली चल गयी।'' उस समय (नेहरू के समय) आग लगने और गोली चलने की घटनाएँ कहीं-कहीं होती थीं। अब पूरे दण्डकारण्य में आग लगायी जा रही है। गोलियाँ दागी जा रही हैं। वहाँ की ख़बरें वहीं दबा दी जाती हैं। यह सब इसलिए कि ''दण्डकारण्य के गाँवों ने 'वैश्विक ग्राम'/के सन्धि-प्रस्तावों के विरुद्ध मतदान किया है।'' यह वर्तमान है। खौलता-दहकता वर्तमान। इस सन्त्रास सदी से मुक्ति के लिए बिरसी ''भविष्य की सुनहरी उम्मीद में/तालाब में पसरे कमल-कुमुदों के बीच/...गुणकारी औषधि युक्त लाल कमल'' खोजती है। बिरसी इस बाघ का ठिकाना जानने को उत्सुक और बेचैन है। चौपाया, धारीदार और आदमख़ोर बाघ से मुक़ाबला किया जाता रहा है और ये बाघ मारे जाते रहे हैं, पर बिरसी इस बाघ के वास-स्थल को जानना चाहती है—''मुझे उसका पता चाहिए/मुझे उसका सही ठिकाना चाहिए।'' रीडा हड़म बिरसी को 'घातक भावावेश' के बारे में समझाते हैं—''इसी आवेश ने/वीरों को असमय शहीद किया है/ऐसा करना अरणनीतिक क़दम होगा/यहाँ तात्कालिक प्रतिक्रिया का कोई भविष्य नहीं है/ऐसे ही हज़ारों सालों से/हमारी लड़ाई अधूरी रह गयी है।'' अनुज लुगुन की कविता रणनीतिक मार्ग का सन्धान करती है। लड़ाई भावावेश में नहीं लड़ी जाती। भावावेश में लड़ाई की कविता भी नहीं लिखी जा सकती। सत्तर के दशक की हिन्दी की कई कविताएँ जिनमें आग और चिनगारियाँ थीं, भावावेश में लिखी गयी थीं। चालीस वर्ष बाद अब कविताओं का स्वर कहीं अधिक सधा हुआ है। बिरसी भावावेश में है और रीडा हड़म उसे धैर्य, चिन्तन और वैचारिकता की आवश्यकता समझाते हैं—''इसके बिना कहीं सहयोग नहीं है/कहीं समर्थन नहीं है/हम अधूरे ही होंगे/बिखरे हुए ही होंगे।'' आज का समय कल के समय से भिन्न है। कविता में कई संवाद हैं जिनमें पहला संवाद रीडा हड़म और बिरसी के बीच है। रीडा हड़म बिरसी को बताते हैं—''समय के साथ कार्रवाई के तरीके

भी/बदल जाते हैं और चुनौती भी/तुम्हारी चुनौती वही नहीं थी/जो सिनगी दई की थी।" सिनगी दई वह लड़ाकू आदिवासी महिला थी, जिसने स्त्रियों की फौज़ बनाकर मुग़ल शासकों से सामना किया था। मुग़ल शासकों के समय और आज के समय में अन्तर है। सिगनी दई से संघर्ष की प्रेरणा ली जा सकती है, संघर्ष के तरीक़े आज उनके तरीक़े से भिन्न होंगे। आज का समय बदला हुआ समय है। मातृसत्ता के स्थान पर पितृसत्ता का आगमन बिरसी को खलता है। कविता में मातृसत्ता को 'हर बार हर तरफ़ से छीले जाने' और 'नोच-नोचकर निगले जाने' का उल्लेख है। बदले हुए समय में आदिवासी भी पहले की तरह नहीं हैं। अपने ही आदिवासी भाई हाट में दिकु से बतियाते हैं। दिकु उन्हें समझाता है कि बहनों को वश में रखना चाहिए, पत्नियाँ सरेआम क्यों हँसती हैं, मर्द-जनाना एक साथ क्यों 'बतियाते-गपियाते' हैं। दिकु के लिए यह 'नीचता' है, 'असभ्यता' है। आदिवासियों के बीच 'संस्थागत और नीतिगत रूपों में' पितृसत्ता के विषाणु फैल रहे हैं। बाघ हमारे भीतर भी है। (एनमि विदिन) जो आदिवासियों के साथ सच है, वह ग़ैर-आदिवासियों के साथ भी। शत्रु बाहर ही नहीं, भीतर भी हैं। अब स्थिति यह है कि राष्ट्रद्रोही राष्ट्र प्रेम की बातें करता है। कविता आदिवासी समाज, मुण्डा समाज पर लिखी जाने के बाद उसी समाज में सीमित नहीं रहती, वह व्यापक क्षेत्रों तक फैल जाती है, उसका अर्थ-विस्तार हो जाता है। बाघ हमारे बीच है। दीर्घ मुक्ति के लिए यह ज़रूरी है कि इस बाघ और पहाड़ी के उस पार के बाघ के बीच कोई समझौता न हो। 'हमें हाय अपनों से डर है।'

कविता में रीडा-बिरसी संवाद प्रमुख है। रीडा समझाते हैं, सावधान करते हैं। कविता में समझौता का तिरस्कार है। और है संघर्ष का स्वीकार। बाघ के हमले के पीछे एक 'व्यवस्था' है, 'एक पूरी संरचना' है, जिसे समझे बिना बाघ को परास्त नहीं किया जा सकता। "यह संरचना और व्यवस्था/सत्ता के अनेक सूत्रों से बनी है/आदमख़ोर बाघ एक अकेला हमलावर नहीं है/और उसका नहीं है कोई एक ही प्रयोजन।" चौपाया बाघ सहजीवी है और दोपाया बाघ शत्रु है। "शत्रु देह का आकार भर नहीं/वह एक पूरा विचार भी है/एक पूरी व्यवस्था है।" आज स्थिति यह है कि साहित्य और आलोचना में भी दूर-दूर तक न कोई बहस है, न संवाद। इस कविता में विचार, विमर्श और बहस पर बल है क्योंकि उसी से 'अमानवीय रिसाव' के 'सभी सूत्रों की तह में' पहुँचा जा सकता है, 'सभी कारणों की पड़ताल' की जा सकती है। मुण्डाओं और आदिवासियों के बीच बिचौलिए पहले से हैं। सरदारी लड़ाई और उलगुलान के दिनों में "मुण्डाओं ने कई दिनों तक/'कम्पनी तेलेंगा' और 'दिकुओं' के साथ-साथ/नव बिचौलिए

मुण्डाओं के भी आरोप सर्वसम्मति से तय किये थे।'' यह सेलेगुट गाँव के 'दुनुब' में हुआ था, जिसका उल्लेख 'मतुरअः कहनि' में है। अनुज लुगुन परम्परा से प्रमाण प्रस्तुत करते हैं, इतिहास से साक्ष्य देते हैं। यह कविता सम्भ्रान्त और सवर्ण इतिहासकारों के इतिहास-लेखन पर सवाल करती है, जिसने 'महान हूल, महान उलगुलान, महान भूमकाल और महान मानगढ़' को अपने इतिहास में स्थान नहीं दिया और इसे 'जंगली लोगों का अराजक उपद्रव' कहा। रीडा हड़म बिरसी को 'ऐतिहासिक-दार्शनिक सभी पहलुओं' पर विचार करने को कहता है—''हमारा कोई भी अरणनीतिक और अव्यवस्थित क़दम/शहादतों की ग़लत व्याख्या प्रस्तुत करेगा/संघर्ष और शहादतों का मान/रणनीति और अनुशासन से ही महान होता है।'' हिन्दी में बहुत कम ऐसी कविताएँ हैं, जो मुक्तिकालीन होने के साथ ऐतिहासिक-दार्शनिक पक्षों, पहलुओं पर भी ध्यान देती हों। दीर्घकालिक संघर्ष और स्थायी मुक्ति के लिए यह आवश्यक भी है। यहाँ बाह्य कारक से अधिक आन्तरिक कारक की चिन्ता है क्योंकि वह 'सबसे घातक' है। बिरसी हत्याकाण्ड के उत्स में अतीत, इतिहास, दर्शन और विज्ञान को देखती है। रीडा हड़म बीजापुर और दण्डकारण्य को भौगोलिक स्थान मात्र न मानकर एक रूपक मानते हैं। वे धरती पर किसी भी हिस्से में निजी लाभ के लिए मिहनत और सौन्दर्य पर 'वर्चस्व का प्रसार' देखते हैं।

विनोद कुमार शुक्ल का एक कविता-संग्रह है 'अतिरिक्त नहीं'। अनुज लुगुन इसे विस्तार से स्पष्ट करते हैं, वे 'निजी सम्पत्ति और अतिरिक्त की लालसा द्वारा' समानान्तर चल रही सामूहिकता की दुनिया का बहिष्कार और उपहास देखते हैं। यह कविता निजीकरण और भूमण्डलीकरण, एकध्रुवीय विश्व के विरुद्ध है। अत्यन्त संयमित ढंग से, विचार और तर्क से, बिना किसी आवेश और उत्तेजना के यह कविता अपने समय की आलोचना करती है और एक नये समय की रचना के लिए सक्रिय होती है। यहाँ 'बाघ के जन्म' को 'अतिरिक्त की लालसा' से जोड़ा गया है। अतिरिक्त की इस लालसा के कारण ही ''उलट्बग्घों की संख्या बढ़ी है और सहजीवी बाघ विलुप्त हुए हैं।'' कविता में 'प्राकृत बाघ' के बजाय 'अप्राकृत बाघ' से अधिक चिन्ता है क्योंकि वह हमारे भीतर है, समाज और समुदाय के भीतर। यह अप्राकृत बाघ सामान्य और प्राकृत बाघ की तुलना में कहीं अधिक चालाक और ख़तरनाक है। ''वह हमारे सेंदेरा-विधान से भी/कई गुना चालाक और शातिर है/वह अपने पाथियों और कानूनों से/वैसी ही लुभावनी बातें करता है/जैसे शिकार को फाँसने के लिए चारा डाला जाता है।'' यह सामान्य बाघ नहीं है। 'इतिहास और अतीत का हिंसक प्रतिनिधि' है। इस बाघ से लड़ना आसान नहीं है। अभी

तक की सारी लड़ाइयाँ अधूरी रही हैं। बाघ से संघर्ष नया नहीं, पुराना है। वह 'अपराजेय' इसलिए है कि ''मनुष्य की ख़ुद की कोमल कमज़ोरियाँ हैं/तत्काल लाभ ने/हमेशा इस धरती का नाश किया है।''

मुक्तिबोध के यहाँ जिस तरह 'सहचर' महत्त्वपूर्ण है, लगभग उसी तरह अनुज लुगुन के यहाँ सहधर्मी का महत्त्व है—''हमें तादाद के लिए नहीं/सहजीविता के लिए/अपने सहधर्मियों की खोज करनी होगी।'' ब्रिटिश भारत में किसी भी कवि को सहचर की वैसी आवश्यकता नहीं थी, जैसी मुक्तिबोध को रही। संघर्ष अकेले नहीं होता। उसके लिए ज़रूरी है सहचर, सहजीवी और सहधर्मी। आज के कठिन समय में इसकी तलाश ज़रूरी है। बिना इसके संघर्ष सम्भव नहीं है। आज के भयावह समय के बोध को पहचानना अधिक मुश्किल है। रीडा हड़म बिरसी को समझाते हैं—''जिसे तुम अपना भाई मानती हो/जो तुम्हारा सहोदर है/जो तुम्हारी बिरादरी भी है/उसे भी ग़ौर से परखो।'' सहजीवी ज्ञान और जीवन के बिना लड़ाई नहीं लड़ी जा सकती। कविता के केन्द्र में 'सहजीविता' है। अब आदिवासी पहले की तरह सहजीवी नहीं रहे! बिरसी सुगना मुण्डा की बेटी भर नहीं है, उसे रीडा हड़म ने 'मुण्डाओं की पुरखा,' 'हज़ारों वर्षों के श्रमशील विरासत की वारिस,' 'हाशिए का रूपक' और 'सभ्यताओं की समीक्षक' कहा है। बिरसा मुण्डा की यह बहन जो कवि-सृष्टि है, कविता में प्रमुख है। तीसरे खण्ड के पहले अंश में रीडा हड़म जिस प्रकार बिरसी को समझाता है, उससे संवाद करता है, उसी प्रकार इस खण्ड के दूसरे अंश में डोडे वैद्य है। वैद्य मुण्डाओं के बीच सामान्य नाम है—झाड़-फूँक की परम्परा से बिल्कुल अलग यह वैद्य दूसरी धारा का प्रतिनिधि है। पहान और वैद्य मुण्डा समाज के बुद्धिजीवी हैं। डोडे वैद्य झोंपड़ी में हैं। आदिवासियों की एक अन्धविश्वासी छवि झाड़-फूँक और डायन में आस्था रखने वाली की जो लोग बनाते हैं, वस्तुतः उनका स्वभाव-विचार वैसा नहीं है। अन्धविश्वास से सर्वथा अलग उनका जो जीवन है, उसे कविता में सार्थक ढंग से प्रस्तुत किया गया है। रामचन्द्र शुक्ल ने जिस 'चराचर जगत' की बात कही है, वह इस कविता में है। यहाँ मवेशियों के त्योहार 'बंदई,' जिसे 'सोहरई' भी कहा जाता है, का गीत गाँव के कोने से गूँजता है—''लियो रे हिर्रे, लियो रे हिर रे/हमारे खेत, हमारी खेती के साथी।'' किसी कविता में गीत का ऐसा स्थान, मान-सम्मान, महत्त्व हिन्दी में केवल यहीं है।

गीत और नृत्य के बिना आदिवासी समाज की कल्पना नहीं की जा सकती। यह उनका जीवन है, जिसका प्रकृति से, उत्सव से, पर्व से, त्योहार से सहज सम्बन्ध है। गीतों का गणतन्त्र (रिपब्लिक) से सम्बन्ध गणतन्त्र पर विचार करने

वालों को विचित्र प्रतीत हो सकता है, पर डोडे वैद्य गीतों को 'गणतन्त्र का आधार' मानते हैं, उसे ही 'मंतर' (मन्त्र) मानते हैं। ये मन्त्र 'उन सब का सार, निचोड़ और रस' है—"जो हमारे आस-पास के जीवन में/और प्रकृति में दृश्य-अदृश्य, बोले-अबोले रूप में मौजूद है।" मन्त्रों को देखते-समझने की लगभग जो हममें एक धार्मिक दृष्टि बनी हुई है, उससे अलग ये मंतर 'अलिखित, अ-रूढ़ और स्व-अभिव्यक्ति' है। आदिवासियों की प्रकृति-पूजा का एक दर्शन है। प्रकृति में सभी एक-दूसरे से जुड़े हैं। वहाँ किसी की स्वतन्त्र सत्ता नहीं है—"प्रकृति में कोई भी किसी के बिना अधूरा है/एक के बिना दूसरे की पहचान अधूरी है/सम्पूर्ण जीवन में हम अपने सहजीवियों से/प्रत्यक्ष संवाद नहीं कर पाते हैं/यह मंतर उनसे संवाद का माध्यम है।" जिस समय भारतीय लोकतन्त्र संवाद रहित हो रहा है, उस समय इस कविता में संवाद का महत्त्व डोडे वैद्य समझाते हैं। संवाद, गीत, गणतन्त्र सब एक-दूसरे से जुड़े हैं। कविता में जिस 'बाघ' और 'बाघपन' की बात कही गयी है, वह 'बाघपन' 'गणतन्त्र के विरुद्ध आचरण' भी है। मुण्डा समाज में मदरा मुण्डा को मुण्डाओं के गणतन्त्र का स्थापक माना जाता है। रिसा मुण्डा छोटानागपुर में मुण्डाओं को लाने वाला उनका पूर्वज है, हीरा राजा उनका लोकप्रिय राजा है। ये तीनों गणतन्त्र को अपने समाज में प्रतिष्ठित करते हैं। आदिवासी समाज एक गणतान्त्रिक समाज है। 'बाघपन' 'गणतन्त्र के विरुद्ध आचरण' भी है, जो एक बड़ी बीमारी है। गणतन्त्र और आदिवासी के बीच रिश्ते पर, छीजते रिश्ते पर डोडे वैद्य चिन्तित हैं—"गणतन्त्र यदि एक आवरण मात्र है/और उसके अन्दर उसके अस्थि-मज्जों का अभाव है/तो वह धोखा है, ढोंग है/हमारे पुरखों ने अपने अस्थि-मज्जों से उसकी संरचना की है/लेकिन हमारे ही मुण्डाओं ने/हमारे ही प्रतिनिधियों ने/उसको खोखला कर/आवरण मात्र रहने दिया है।" भारतीय गणतन्त्र आज 'बनाना रिपब्लिक' है। गीत रहित गणतन्त्र, गणतन्त्र नहीं है। "गीतों का ह्रास गणतन्त्र का ह्रास है/गीत रहित गणतन्त्र प्रभुओं की व्यवस्था है।" 'बाघ और सुगना मुण्डा की बेटी' कविता प्रभु व्यवस्था के विरुद्ध है। किसी भी नेता, राजनेता और समाज वैज्ञानिक की तुलना में कवि को गणतन्त्र में कहीं अधिक आस्था है। वह जीवन रहित गणतन्त्र और गणतन्त्र रहित जीवन के विरुद्ध है। हरिशंकर परसाई ने दशकों पहले 'ठिठुरता हुआ गणतन्त्र' लिखा था। इक्कीसवीं सदी के दूसरे दशक में यह कविता गीत और गणतन्त्र को एक साथ रखकर, जोड़कर गणतन्त्र को कहीं अधिक अर्थवान बनाती है। अप्राकृतिक बाघों के फैलने से गणतन्त्र कमज़ोर होता है। अनुज लुगुन ने इस कविता में डोडे वैद्य के जरिए यह बताया है कि आदिवासियों के अन्दर का रोग प्राकृतिक नहीं है।

डोडे वैद्य बिरसी को बताते हैं कि चुड़ैल और डायन का कोई अस्तित्व नहीं है। यह लोगों की कल्पना है। "वह भी सत्ता के वर्चस्व का साधन है/उत्पीड़न का कारक/सम्पत्ति लालसा का प्रतिबिम्ब/यह संकेत है/आदिवासी दुनिया में/सत्ताओं के उदय का/पुरखों के गणतन्त्र के ख़िलाफ़ प्रभुता का/अमानवीय शक्तियों के गठबन्धन का/चानर-बानर के शुक्राणु/उलट्‌बग्घा के शुक्राणु यहीं से जन्म लेते हैं/यहीं अभिक्रिया होती है आदमी और बाघ की/जो सबसे ज़्यादा भयावह और अप्राकृतिक होता है।" कवि मुण्डाओं, मानकियों और पहान की भी कई बार अप्राकृतिक बाघों के साथ अभिक्रिया की चर्चा करता है। उसका बल आचरण पर है। हम यहाँ सरदार पूर्णसिंह के निबन्ध 'आचरण की सभ्यता' को याद कर सकते हैं। 'मदरा मुण्डा और हीरा राजा के गणतन्त्र के विरुद्ध आचरण के पीछे' लिप्सा है, लालच है। डोडे वैद्य सात जनों (तीन युवक और चार युवती) से संवाद करते हैं। मुण्डा समाज में अक्सर सात संख्या का ज़िक्र आता है। अभी तक यह स्पष्ट नहीं है कि ये सात संख्या किनके लिए है? क्यों इस समाज में सात संख्या का इतना अधिक महत्त्व है? ऐसा लगता है कि यह सात संख्या सात दिनों से जुड़ी है। सातों जन स्वीकारते हैं कि "हमें संवाद के/सभी तरीक़ों से अवगत होना है" क्योंकि "संवाद के बिना/गीतों के बिना/हम कोई ठोस व्यवस्था नहीं बना सकते।" संवाद, गीत, मंतर, गणतन्त्र सब एक-दूसरे से जुड़े हैं। इनका सम्बन्ध-विच्छेद ही समस्याओं की जड़ है। डोडे वैद्य रोग और बीमारी को ही शत्रु न मानकर विचार और सोच को भी शत्रु मानते हैं। वे बताते हैं–"हर शक्ति मानवीयता के नाम पर ही उभरती है/हमारी तैयारी शक्ति स्थापित करने में नहीं है/बल्कि अमानवीय शक्तियों को/जीवन के केन्द्र में आने से रोकने की है।" बड़ा सवाल यह है कि हम जीवन-केन्द्र में किसे स्थापित करते हैं। केन्द्र में सत्ता, धन, लालच, लिप्सा को रखने से सारी समस्याएँ जन्म लेती हैं। आदिवासी जीवन के केन्द्र में इस सबकी अनुपस्थिति चिन्ताजनक है। अनुज लुगुन ने आदिवासी राजनीति के बरअक्स आदिवासी संस्कृति को रखा है। वहाँ मनुष्य ही नहीं, मवेशी और प्रकृति भी महत्त्वपूर्ण है। पहले यह संवाद सबसे था। यह संवाद 'सहजीविता के लिए अनिवार्य शर्त' है। यह संवाद और सम्मान सबसे है। 'विश्व कल्याण के लिए' यह आवश्यक है। कविता मुण्डा समाज और आदिवासी समाज को केन्द्र में रखने के बाद या उसके साथ विश्व की भी चिन्ता करती है। इसे मुण्डा समाज की कविता कहना ठीक नहीं है। इस कविता में कवि-चिन्ता कहीं अधिक व्यापक है। यहाँ सबसे संवाद जरूरी है–"जंगलों से, नदियों से/पेड़ों से, जुगनुओं से, तितलियों से/दृश्य-अदृश्य, बोले-अबोले प्रकृति से।" सहजीविता के लिए

'सम्पूर्ण जीवन की लय की एका' आवश्यक है। ''श्रम का शोषण/इस लय को तोड़ता है/इसी लय को गूँथते हैं गीत/गीत ही हमारे मंतर हैं।'' इसके समान अधिकारी सब हैं—''स्त्री-पुरुष, बच्चे-बूढ़े'' न लिंग-भेद है, न आयु-भेद। कविता पूँजीवादी व्यवस्था के विरुद्ध और सहजीवी व्यवस्था के साथ आद्यन्त खड़ी है। बिना किसी नारे, शोर-शराबे के। वह हमें सोचने-विचारने को विवश करती है। जहाँ तक भावना को समझने की बात है, वह आँखों से समझी जाय, शब्दों से नहीं मात्र भावना में अस्पर्श नमी का उतरना ज़रूरी है। गीत 'वंचित जनों का प्राण' है, 'रोग-निवारण की औषधि' है और 'अखड़ा' 'इस औषधि की जड़' है—'अवसाद निवारक जड़ी, अकेलेपन की बूटी।' केवल 'अखड़ा' ही नहीं, 'सम्पूर्ण गणतन्त्र' 'इसकी जड़ी' है। गीतों के टूटने से ही 'सत्ताओं के विषाणु' पनपते हैं। और गीत, शिष्य रुसू के अनुसार, ''हमारी प्रकृति में ही मौजूद है/उसी में हैं इसके तन्तु।''

हमारा समय प्रकृति के संहार का, उससे बलात्कार का है। यह कविता प्रकृति से जीवन के जीवन्त रिश्ते पर, प्रकृति के महत्त्व पर प्रकाश डालती है। डोडे वैद्य प्रकृति को ही मूल मानते हैं—''वर्तमान दम्भी विज्ञान का उत्स भी/सभी उत्पादित वस्तुओं का सोता भी।'' आज प्रकृति कहीं अधिक अपमानित है। वह रौंदी जा रही है। बाघ उसका सीना चीर रहा है। जबकि प्रकृति अंगी है और हम सब उसके अंग हैं। ''उसका ही सम्मान हमारा धर्म है/उसकी रक्षा हमारा कर्तव्य/यही है आदिवासियत का आधार/और यही आधार है सम्पूर्ण जीवन का।'' स्वाभाविक है पहाड़ की पूजा से वसन्त का खिलना। प्रकृति और मनुष्य के सम्बन्ध-विच्छेद के बाद ही मनुष्य-मनुष्य के बीच का सम्बन्ध नष्ट हुआ। सहजीविता समाप्त हुई। बाघ पर अंकुश बिना सहजीविता के नहीं लग सकता। डोडे वैद्य की चिन्ता यह है कि उसका ज्ञान क्या सातों जन ग्रहण कर सकेंगे? यहाँ निजी सफलता का महत्त्व नहीं है। ''आजीवन साधना का परिणाम/निजी सफलता में नहीं/आगामी पीढ़ी की सफलताओं से सिद्ध होता है।'' कवि के लिए निजी सफलता नहीं, 'आगामी पीढ़ी की सफलता' का महत्त्व है। जिस समय हिन्दी के अनेक कविजन निजी सफलता और अपने कॅरियर को लेकर अधिक बेचैन और अपनी सामर्थ्य के अनुसार अपनी 'कंस्टीचुएंसी' बनाने में व्यस्त हैं, उस समय अनुज लुगुन को अपनी नहीं, आगामी पीढ़ी की चिन्ता है। भविष्य का स्वप्न कविता में कई बार झिलमिलाता है। उसके लिए आवश्यक है ''गितिः ओडाः, धुमकुड़िया, घोटुल/और पड़हा के गणतन्त्र का विस्तार।'' इस विस्तार के बिना बाघ से मुक़ाबला नहीं किया जा सकता क्योंकि बाघ जंगल में नहीं, हमारे

भीतर है। आदमी को आदमी और बाघ को बाघ के रूप में पहचानना ज़रूरी है। ''लोगों के व्यवहार के अतिरिक्त/जीवन-अनुभवों के साथ/इतिहास, दर्शन और विज्ञान की पड़ताल'' से ही यह सम्भव है। इस पहचान के बाद 'रात' का अर्थ और आशय बदल जाता है। ''हमारे लिए रात का आशय/'पहर' के रात भर से नहीं है/ बल्कि दिन के उजालों में फैले/जन के विरुद्ध संस्थागत कृत्यों से है'' और ''रोग का आशय सिर्फ़/दैहिक-मानसिक रोग से नहीं/बल्कि व्यवस्था रूपायित रोग से भी है।'' इस कविता में अँधेरे के कई चित्र हैं। यह कविता 'अँधेरे के साम्राज्य के समूल नाश' की कविता है। मुक्तिबोध की कविता 'अँधेरे में' के बाद हिन्दी की बहुत कम लम्बी कविताओं में अँधेरे का ऐसा चित्र और उसे दूर कर प्रकाश फैलाने की ऐसी बेचैनी और तड़प है। ''अँधेरे के साम्राज्य के समूल नाश के लिए/सहधर्मियों के संघर्ष का साथ होना ज़रूरी है।'' आवश्यक है 'अहद सिंग' को लाँघना। 'अहद सिंग' एक प्रकार का जंगली पौधा है, जिसे लाँघकर हम अपनी वास्तविकता से अलग किसी दूसरी वास्तविक दुनिया में प्रवेश करते हैं। इसे लाँघने के बाद ही 'जीवन के यथार्थ' से 'जीवन से सम्बद्ध यथार्थ' में पहुँचा जा सकता है। ''नदी, पहाड़, जंगलों में/वर्तमान से इतर यथार्थ की दुनिया में।'' यहाँ कवि 'जीवन से सम्बद्ध यथार्थ' अर्थात 'इतर यथार्थ' में प्रवेश आवश्यक मानता है। तभी 'दुनियावी अनुभव से परे जीवन की प्रतीति' होगी, जो 'सत्य और यथार्थ' ही होगा—ज्ञान का एक नया अनुभव। वहीं 'रोग के कारक और निवारक को पहचानने की शक्ति' मिलेगी। वहाँ से लौटने पर 'नयी सुबह, नयी दिशाएँ और नया जीवन' प्राप्त होगा। तब सात जन सात जन नहीं रहेंगे। वे सात जीवन, सात अनुभव और सात ज्ञान होंगे। यह रास्ते में मिले 'जहरीले साँप, कीड़े-कॅक्रोच/रेत, दलदल, तूफ़ान, विस्फोट और भयावह परिस्थितियों से लड़ने' के बाद ही प्राप्त होगा। 'अँधेरे में' कविता में सिरफिरा पागल के गाये गीत की तरह तो नहीं, पर डोडे वैद्य इस कविता में जो गीत गाते हैं, 'उसमें तन की, मन की जन की व्यथा' है—''गीत ही जीवन में घुलता है/जीवन रूपायित होता है गीत में।'' यहाँ गीत का जीवन से अभिन्न सम्बन्ध है। आदिवासियों में कोई गुणात्मक भिन्नता नहीं है। उनकी एक ही प्रजाति है, एक ही मूल है—''एक ही मूल के हैं ये—कोल, भील, मुण्डा, सन्थाल, गोंड, खेखार/बैंगा, मुड़िया, कोंड, कोया, पहाड़िया।'' सब का एक ही दर्शन है—सहजीवी दर्शन।

यह कविता प्रभु-व्यवस्था, ब्राह्मणवादी व्यवस्था, पितृसत्तात्मक व्यवस्था और पूँजीवादी व्यवस्था के ख़िलाफ़ है। अब आदिवासी भी धर्म, नस्ल, रंग में बाँटे जा रहे हैं। ''ये ही नहीं, पूरी मनुष्यता ही वही है धरती पर।'' कविता मनुष्यता

की रक्षा करती है। स्वाभाविक है मनुष्यता को समाप्त करने वाली शक्तियों के विरुद्ध उसका खड़ा होना। कवि की यहीं एक बड़ी भूमिका बनती है। 'बाघ और सुगना मुण्डा की बेटी' कविता ऑपरेशन ग्रीन हंट के विरोध में है। यह कविता 'वर्चस्व के ख़िलाफ़/सहजीविता की लड़ाई' लड़ने वाले सन्तालों, जयपाल सिंह मुण्डा और 'रेड इंडियंस के पुरखा' को समर्पित है। आदिवासी इलाकों में ज़मीन को बचाने की लड़ाई लड़ी जा रही है। "प्रभु ग्रह की जीभ/उसकी पूरी ज़मीन को/ग्रस लेने की असीमित लालसा में है/जहाँ उनकी भाषा है, इतिहास है, दर्शन है।" कविता में उसकी भाषा, इतिहास, दर्शन, सभ्यता, संस्कृति—सबका विरोध है। आदमख़ोर बाघ को समाप्त करने के लिए 'जनवाद' और 'जन संस्कृति' का उद्घोष है। रूपक, प्रतीक, फैण्टेसी से कविता में कई बिम्ब, कई स्वप्न उभरते हैं। यहाँ 'बच्चे के लिए सिरहाने रखा ताज़ा फूल' है और युवती की लाश की गोद में उठाने के बाद उसका 'समकालीन पत्रिका' बन जाना भी है। कोंड रेड्डी स्त्री ग़ायब हो जाती है और हम रेड इंडियंस को अबूझ माड़ में पानी पीते देखते हैं। डोडे वैद्य के सातों शिष्य ध्यानस्थ होकर जो देखते-सुनते हैं, उससे कविता में कई स्वर निकलते हैं। यहाँ देश हित में पानी की नीलामी हो चुकी है, पुजारी के कमंडल से पानी निकाल कर फेंकने से सूरज दो टुकड़ों में बँट जाता है। एक ओर हुकनू की आवाज़ है और पुजारी का मन्त्रोच्चार भी। पुजारी के मन्त्र से उत्पन्न हनुमान, बन्दर, रीछ, गिद्ध, साँप, नाग, दैत्य-दानव सब हैं। पुजारी हुकनू का कुल घोषित करता है कि वह महिषासुर, गयासुर का वंशज है। हुकनू विरोध करता है—"हम राक्षस कुल के नहीं हैं/दैत्य, दानव, बन्दर, रीछ नहीं हैं। हम मनुष्य हैं/और हमारा सम्मानित इतिहास है।" आदिवासियों के 'सम्मानित इतिहास' पर इतिहासकारों ने अधिक ध्यान नहीं दिया है। हुकनू राम को अपना पूर्वज नहीं मानता। उसके पूर्वज राम से पहले के हैं और उसकी वंशावली पैतृक नहीं है। कविता में ढेचुवा पक्षी भी चुप नहीं है। उसकी चिन्ता में पिघलती बर्फ़ और जल-स्तर में हो रही वृद्धि है। "मनुष्य के कृत्यों का फल/निर्दोष सहचरों को भी भोगना होगा।" कविता में जादूगोड़ा है, आज की युद्ध-स्थिति है, 'नये मिसाइल' और 'युद्धक विमानों' की सजवाट को लेकर चिन्ता है। आज का भयावह दृश्य है। हिरोशिमा, नागासाकी, ईराक, अफ़ग़ानिस्तान, इस्राइल, फिलिस्तीन, सीरिया, कश्मीर, चीन, तिब्बत का उल्लेख सकारण है। यह आज का परिदृश्य है। यह कविता युद्ध विरोधी है। कविता में सेना की सर्वत्र उपस्थिति भी है—"ज़मीन चाहिए तो सेना बुलाओ/नदी चाहिए तो सेना बुलाओ/जंगल चाहिए तो सेना बुलाओ/फूल चाहिए तो सेना बुलाओ/जुगनू चाहिए तो सेना बुलाओ/इतना सैन्य

संगठित है वह/कि स्त्री के गुप्तांगों तक में/वह अपनी सत्ता ठोंकता है।" यह राज्यसत्ता है। सहजीविता की समाप्ति के बाद ही ऐसी स्थिति बनती है। अब मुण्डा पहले के मुण्डा नहीं रहे—"कुछ मुण्डाओं का व्यवहार अब दिकुओं जैसा है/वैसे ही वे अपने रीति-विधान को मोड़ रहे हैं।"

डोडे वैद्य अपने जीवन के अन्तिम चरण में सातों जन (शिष्य) को सफल होते देखते हैं। 'सात कथा, सात जीवन' फलित होता है। "सात कथा, सात जीवन निर्णायक होगा/अस्मिता का उत्कर्ष होगा/या उसके पुरातत्त्व का/आगामी इतिहास परिचायक होगा।" डोडे वैद्य अपने सातों शिष्य के साथ सात कथा और सात जीवन का, रोग के कारक और निदान का विश्लेषण करते हैं। वे सभी सूत्रों को एक-दूसरे में गुन्था देखते हैं। "एक के बिना दूसरे का अस्तित्व सम्भव नहीं है।" 'श्रम की सामूहिकता और सहजीविता के तिरस्कार' से "जन्मे हैं महामारी और कुप्रथा/ज्यों-ज्यों बढ़ी है अतिरिक्त की लालसा/बढ़ा है श्रम का शोषण/बढ़े हैं जंगल में देवताओं और अवतारों की संख्या/पूँजी ने जन्मे हैं फिर से नये अवतार।" कविता आज के अन्याय और अत्याचार की जड़ में जाती है। वह सर्वनाशी पूँजी का विरोध करती है, जिसका समर्थन देश के प्रायः सभी राजनीतिक दल कर रहे हैं। यह सब सहजीवी व्यवस्था के न होने का परिणाम है। यह कविता सम्भवतः पहली बार आदिवासियों के द्वीप की तरह बने रहने की आलोचना करती है। आदिवासी एक द्वीप की तरह रहे, उन्होंने न क़िला बनाया, न कोई राजमहल। कला को वे श्रम और सामूहिकता में जीते रहे। उनके भीतर भी 'सत्ता के विषाणु' फैले और उनके अन्दर से 'चानर-बानर और उलटबग्घा बनने लगे। डोडे वैद्य स्वीकारते हैं कि आदिवासियों के द्वीप के अन्दर रहने से सहजीवी जीवन का विस्तार नहीं हो सका। वे द्वीप का बाहर से सम्बन्ध जोड़ना आवश्यक समझते हैं। "सहधर्मी संघर्षरत शक्तियों के साथ/सबको होना होगा/जन संस्कृति का उद्धारक/जनवाद का समर्थक।" द्वीप की तरह केवल अपने में सिमट कर आदिवासी अपनी आदिवासियत नहीं बचा सकते। उसे द्वीप से बाहर निकलना होगा और अपने सहजीवी जीवन का विस्तार करना होगा।

डोडे वैद्य कविता में सर्वाधिक महत्त्वपूर्ण हैं। वे दृष्टि-सम्पन्न, अनुभव-सम्पन्न, विचार-सम्पन्न हैं। सात जनों को वे बताते हैं—"दण्डकारण्य केवल दण्डकारण्य नहीं है/अबूझमाड़ की ध्वनियाँ अबूझमाड़ नहीं हैं/वह एक गीत है, रूपक है, दर्शन है/वह डूम्बारी बुरु है, सेरेंगसिया है/वह मानगढ़ है, भूमकाल है/अमेजन है, सारंडा है/यहाँ जो आदमख़ोर पहुँचा है/वह जानवर है/जानवर नर है, पुरुष है, पुल्लिंग है/पितृसत्ता का प्रवक्ता/सेना, पुलिस, व्यवस्था का स्वरूप।" कवि-दृष्टि साफ़

है। सब कुछ स्पष्ट है। 'वैश्विक ग्राम' के उद्घोष के बाद केवल दो स्थितियाँ हैं—पक्ष-विपक्ष की। कवि विपक्ष में है। ''हर गाँव जो/वैश्विक ग्राम की/सन्धि-पत्रों से असहमत होगा/वह दण्डकारण्य होगा/और जहाँ अरण्य होगा/वहाँ बाघ का हमला होगा।'' दण्डकारण्य एक भौगोलिक क्षेत्र न रहकर विचार-क्षेत्र बन जाता है—असहमति, प्रतिरोध और संघर्ष का क्षेत्र। वह सभी दिशाओं में फैल जाता है। यह दण्डकारण्य का विस्तार है। सुगना मुण्डा की बेटी बिरसी 'सात कथा सात जीवन की साक्षी' है। बिरसी को डोडे वैद्य 'अपना सम्पूर्ण अनुभव, ज्ञान, संवेदना, पुरखा घड़ी और बाघों के नियन्त्रण का गीत' सौंपते हैं—''तुम्हारे ही हाथों विश्व को रचना होगा मुक्ति-गाथा।'' यह स्त्री-शक्ति है, मातृशक्ति। बिरसी 'आदिवासी गणतन्त्र की प्रहरिका,' 'पितृसत्ता के विरुद्ध,' 'मातृसत्ता की मज़बूत अवशेष,' 'सभ्यता की समीक्षक,' 'सत्ताओं के प्रतिपक्ष की वाहिका,' 'नये सौन्दर्य की आवाहिका,' है। उसे कवि ने सिरजा है। वह फिलवक़्त काल्पनिक पात्र है। मूल यथार्थ चरित्र के रूप में वह कहीं भी सर्वत्र दिख सकती है। कविता के अन्त में डोडे वैद्य बिरसी को सब कुछ सौंप कर मुड़ जाते हैं। उनकी भूमिका समाप्त होती है और बिरसी अपनी भूमिका का आरम्भ करती है। कविता के अन्त में उसके साथ 'गितिः ओडाः' (मुण्डा समाज) का स्वर नये स्वरूप में मुखरित होता है—''विस्तृत मुक्ति की आकांक्षा के लिए/उलट्बग्घों का सामना करने के लिए।'' वह नेतृत्वकारी भूमिका में है। उसके सामने 'संघर्ष का जनवादी स्वरूप' है। उसके साथी सदस्य उससे सहमत हैं। वह सम्बोधित करती है—''सात कथा सात जीवन का सार/सात पहाड़, सात समुद्र के पार पहुँचे/सहधर्मी संघर्षशील संग की खोज हो।'' कविता में स्पष्ट घोषणा है—''यह देश बहुजन का है/यह देश बहुजन का होगा/दलित, पिछड़े, आदिवासी, स्त्री/सब शोषित जन, सब सर्वहारा/अस्तित्व और अस्मिता के साथ/आँखें तरेरेंगे आदमख़ोर को।'' कई वर्षों बाद हिन्दी की समकालीन कविता में यह स्वर सुनाई पड़ा है। यह आवश्यक स्वर है, हमारे समय का स्वर है और सच्चा कवि स्वर। ''श्रमिक जन से ही/होगा सकल परिवर्तन/एक गीत, एक तारा/रक्तिम तारा—सर्वहारा/सर्वहारा/सर्वहारा।'' यह सर्वहारा लगभग कविता में अनुपस्थित था। अब वह समुपस्थित है। बिरसी के स्वरों के साथ संगी-साथियों के स्वर भी गूँजते हैं। सामूहिक स्वरों में सब पुरखों को पुकारते हैं, प्रण करते हैं—''अब कुछ भी अधूरा न हो...अधूरी न हो जन-संस्कृति/अधूरा न हो जनवाद/लड़ाई अधूरी न हो/जय हो/जोहार हो! जोहार हो!'' कविता में सात जन एक साथ हैं। वे गीत गाते हैं, जंगल में युद्ध नाद, बिगुल बजने की ख़बर देते हैं, गीत गाने और पंख सजाने को कहते हैं। समग्र सम्बोधन के साथ बिरसी गाँव में बाघ के हमले के बारे में सुनाती है, पुरखों के क़िस्सों के साथ

'छापामार कलाएँ' बताती है, 'संगी-संगोतियों को न्योता' देती है। उसे जंगल की पगडण्डियों का नक़्शा मालूम है, वह 'इतिहास की दीवारें' और 'दर्शन की खाई' लाँघ कर सबको जाने को कहती है, 'सहजीविता का सामूहिक गान' गाने को कहती है। उसकी बाँहों के साथ गीतों की बाँहें खुलती है, धनुष का आलिंगन खुलता है, समूह की भुजाएँ जुड़ती हैं और वहीं 'अखड़ा' बन जाता है।

अनुज लुगुन की कविता 'बाघ और सुगना मुण्डा की बेटी' समकालीन हिन्दी कविता की एक बड़ी उपलब्धि है। यह मुक्ति की आकांक्षा की एक बड़ी कविता है। इस कविता में इतिहास-लेखन की मुख्यधारा पर, सभ्यता के विकास पर प्रश्न है, यह मौखिक परम्परा से लिखित परम्परा तक के दीर्घ विस्तार को समेटती है, मुण्डा समाज और आदिवासी समाज के साथ यह उनमें सीमित न रहकर विश्व की एक परिक्रमा करती है, पूँजी और लालसा-लिप्सा पर प्रहार करती है, एक नये समय और समाज की रचना का सार्थक प्रयत्न करती है, यथार्थ को उसकी समग्रता में देखकर उसे बदलने की महती आकांक्षा रखती है, बाह्य शत्रु के साथ आन्तरिक शत्रु की सही पहचान करती है, एक नये मानक की रचना करती है, संघर्ष के सौन्दर्य का विकास करती है। अतीत की स्मृति, वर्तमान का यथार्थ और भविष्य का स्वप्न और उसकी कल्पना सब एक साथ समग्र रूप में यहाँ मौजूद है। कवि के यहाँ विचार और चिन्तन प्रमुख है। कविता का फलक व्यापक है, चिन्ताएँ गहरी हैं। बड़ी बात यह है कि यह कविता सहजीविता पर बल देती है, पूँजीवादी सभ्यता का तिरस्कार करती है, ऐतिहासिक-दार्शनिक पहलुओं की अनदेखी नहीं करती। अपने बीच के बाघ की सम्यक पहचान कर उसे नष्ट करने का उपाय खोजती है। कविता का सौन्दर्य कई रूपों में है। पहली बार हिन्दी कविता में अनेक मुण्डारी और आदिवासी शब्द आये हैं, जिनसे हिन्दी भाषा समृद्ध हुई है। यह दो भाषा-परिवारों की भाषाओं का मिलन है। कविता में आरम्भ से अन्त तक कहीं कोई बिखराव नहीं। चिन्तन और विचार के यहाँ कई सूत्र हैं। कवि पूँजीवादी व्यवस्था के विरुद्ध सहजीवी व्यवस्था का हिमायती है। काव्य-स्वर संयत है। एक युवा कवि का यह संयम उसकी बड़ी विशेषता है। कविता संघर्ष की परम्परा का विस्तार और विकास करती है। यह 'एकध्रुवीय विश्व' और 'विश्व ग्राम' का विरोध करती है। कविता में काव्य-सौन्दर्य और नाट्य-सौन्दर्य भी है। संवाद प्रमुख है। पहली बार कविता में गणतन्त्र को एक सार्थक रूप में देखा गया है। संघर्षशील चेतना का विकास करने वाली यह कविता मुक्ति की आकांक्षा की कविता है।

रविभूषण

सहजीविता की बात

बचपन से ही अपने पूर्वजों से बाघ के क़िस्से सुनता आया हूँ। कभी हल जोतते समय, कभी महुआ चुनते हुए, राह चलते हुए, बैल-बकरी चराते हुए बाघ से भिड़ने की कई रोचक कहानियाँ मेरे गाँव की पगडण्डियों में बिखरी हुई हैं। लेकिन कभी भी मैंने अपने पूर्वजों से बाघ से डरने की बात नहीं सुनी। कभी भी किसी की बातों से यह एहसास नहीं हुआ कि बाघ के होने से उनकी सम्पूर्ण जाति विलुप्त हो जाएगी। न ही उनको बाघों से विस्थापित होने का डर था और न ही बाघों को उनसे। किसी ने तो यह भी सुनाया कि जब वे बाघ के साथ आमने-सामने हो गये तो उन्होंने बाघ से बस इतना ही निवेदन किया कि हम अपने-अपने रास्ते चल रहे हैं और दोनों निर्भीक होकर अपने-अपने रास्ते चलते रहे।

जीवन का यह व्यवहार हज़ारों वर्षों से जंगल प्रान्तों में चलता रहा है। हज़ारों वर्षों से ऐसे अनगिनत अनुभव और ज्ञान संकलित होते रहे हैं जिन्होंने इतिहास और कला का रूप ग्रहण किया। लोगों ने पक्षियों से बात करना सीखा तो पक्षी उनके माथे का कलगा (मुकुट) बने। साल की महक और महुआ की मादकता को लोगों ने पहचाना तो लोगों ने अखड़ा बनाया। अपने जीवन में उन्होंने निर्माण की बुनियाद को मज़बूत बनाया। उन्होंने गीत बनाये; मांदल, नगाड़े, तीर बनाये। उन्होंने ख़ुद श्रम किया और ख़ुद निर्माण किया। अपने निर्माण में उन्होंने प्रकृति को सहजीवी बनाया। सहजीविता उनके जीवन का मूल दर्शन बना। भूख को उन्होंने वासना के बजाय गीतों से सजाया। जंगल में उन्होंने जीवन का एक पक्ष बनाया। ऐसा पक्ष जो 'उपनिवेश' पर नहीं 'सहजीवी' होने पर यक़ीन करता था।

अपनी स्मृतियों और अनुभव के आधार पर मैं यह साफ़ कह सकता हूँ कि मनुष्यों की दो दुनिया रही हैं—एक उपनिवेश बनाने पर यक़ीन करने वाली दुनिया और दूसरी सहजीवियों की दुनिया। वर्ण, वर्ग और लिंग उपनिवेशकारियों की उपज हैं। दुनिया भर में ज्ञान और कलाओं के उत्स के यही दो आधार हैं।

वर्चस्वकारियों (उपनिवेश) और सहजीवियों के बीच के संघर्ष ने ही जंगल और बाघों के अस्तित्व को ख़तरे में डाला है। मुण्डा कहते हैं कि "अब आदमी ही बाघ बनते हैं।" मुझे अपनी नानी का क़िस्सा याद आता है। वे बताती हैं कि एक नव-विवाहित ने अपनी पत्नी को प्रभावित करने के लिए कहा था कि वह 'बाघ' बन सकता है। उसने उसे सरसों का दाना देते हुए कहा था कि जब मैं बाघ बन जाऊँ तो तुम ये दाना मेरे शरीर पर छींट देना। और जब वह सचमुच बाघ बना तो डर के कारण उसकी पत्नी के हाथ से सरसों का दाना गिर गया और वह 'आदमी' कभी वापस 'आदमी' नहीं बन सका। कहते हैं अब वही बाघ जंगलों में, चौराहों में घूमता रहता है। उसे पहचानना मुश्किल है कि वह आदमी है या बाघ। मुण्डा कहते हैं वह 'कुनुईल' है। चानर-बानर है। उसे ही उलट्बग्घा कहा जाता है। नानी की बातों का सच क्या है? क्या वह इतिहास है, या फैण्टेसी? जब मैं उसे इतिहास समझता हूँ तो मुझे आदिवासियों की अनगिनत लड़ाइयों और विद्रोहों का स्मरण होता है। और जब मैं उसे फैण्टेसी समझता हूँ तो मुझे अपना यथार्थ दिखायी देता है।

मुझे लगता है यह इतिहास है। यह आख्यान है। यह हमारा है। यह उन सब का है जो जीवन में गीतों को सहेज कर रखना चाहते हैं। मैं जो गीत गाता हूँ इसका इतिहास क्या है, इसको रचने वाला कौन है, यह मैं नहीं जानता हूँ, लेकिन मैं यह जानता हूँ कि गीत गाने वाली दुनिया के गले में हमेशा फन्दा डालने की साज़िश होती रही है। मैं उन साज़िश रचने वालों को जानता हूँ और यह समझ मुझे गीतों ने ही दी है। लम्बा इतिहास है दुनिया में गीत गाने वालों और उनके गर्दन को दबाने वालों का। मैं यह भी जानता हूँ कि मैं उसी इतिहास की उपज हूँ और मुझे किसके साथ खड़ा होना है यह भी जानता हूँ। इसलिए मेरे लिए कला 'क्या है,' 'कविता क्या है' का सीधा अभिप्राय है कि गीत गाने वाली दुनिया के पक्ष में खड़े होकर उसके ख़िलाफ़ होने वाली साजिशों को जवाब देना। जैसे ही किसी का गला दबोचा जाता है सबसे पहले उसकी ज़ुबान लड़खड़ाने लगती है, उसके शब्द छीन लिए जाते हैं, उसके गीतों को मार दिया जाता है। गीतों के मरने के साथ ही मांदल, नगाड़े, अखड़ा सब मर जाते हैं। और मारने वाला यही चाहता है क्योंकि गीत जन को एक सूत्र में पिरोता है, जन को एक साथ आवाज़ उठाने की ताक़त देता है। अब चिन्ता की बात तो यह है कि गीत गाने वालों का इतिहास गीतों में ही है लेकिन गीतों को इतिहास का साक्ष्य नहीं माना गया है, यह मेरे लिए चिन्ता की बात है। मुण्डा गीत गाते हैं कि "बिरसा आबा के साथ हज़ारों लोग शहीद हुए, एक शहीद औरत के वक्ष से चिपककर एक बच्चा

दूध पी रहा था जिसको देख कर गोरे कप्तान की बीवी की आँखों में आँसू आ गये।'' पता नहीं किस सदी में, किस पुरखे ने आदिवासियों को एक गीत दिया था कि ''आधा जंगल जल रहा है तो आधे जंगल में दाना चुगने जायेंगे'' और देखते ही देखते उस आग की लपटें पूरे जंगल में फैल गयीं। यानी समय का प्रवाह लगातार गीत गाने वालों और उनके गले में फन्दा डालने वालों के द्वन्द्व से प्रवाहित हो रहा है। ऐसे में मैं कैसे कह सकता हूँ कि गीत केवल मनोरंजन के लिए होते हैं? कैसे कहूँ कि कला केवल नुमाइश की चीज़ है?

सच कहूँ तो मैं अपना इतिहास जानना चाहता हूँ। मैं उस औरत का नाम जानना चाहता हूँ जो डुम्बारी बुरु (पहाड़) में शहीद हुई थी। मैं उस बच्चे का नाम जानना चाहता हूँ जो अपनी मृत माँ से चिपक कर दूध पी रहा था। क्या वह बच्चा आज भी खेत, सड़कों और चौराहों पर दिखायी देता है? आज उसकी पहचान क्या है? मैं यह भी जानना चाहता हूँ कि वह जंगल कैसे जला? क्या वह जंगल जलाया गया था? क्या उसी की लपटें आज सारंडा और अबूझमाड़ तक फैल गयी हैं? आज जब मैं अपने इतिहास की बात करता हूँ तो कुछ इतिहासकार मुझसे वेदों की ओर लौटने की बात करते हैं। कुछ विद्वान मुझे गज़ेटियर्स खँगालने का सुझाव देते हैं। किसी ने नहीं कहा कि तुम अपनी भाषा की ओर लौटो, अपने गीतों की ओर लौटो, लौटो अपने जंगल के दरख़्तों की ओर, बुरु के चरई की ओर लौटो।

मेरी कविता ऐसे ही शुरू होती है। मैं अपने जंगलों, पहाड़ों, दरख़्तों और गिलहरियों को देखता हूँ तो मुझे उनके चेहरे पर कई भ्रामक पहचान चिपकी हुई दिखायी देती है। कई ग़लत धारणाएँ उनके बारे में प्रचलित हैं। न इतिहास ने उन्हें उनकी वास्तविक पहचान दी और न ही कला या कविता ने। इन सबने जंगल को 'जंगली' होने का जो नकारात्मक अर्थ दिया—मेरी कविता उन सबका प्रत्युत्तर देने के लिए बेचैन रहती है।

आज कविता की दुनिया में एक तरफ़ वैश्वीकरण का प्रतिरोध है तो दूसरी ओर वंचित अस्मिताओं का संघर्ष है। मेरा मानना है कोई भी अस्मिता बिना सहजीविता के सम्भव नहीं है। जो सहजीवी होगा वह स्वभावतः वंचित अस्मिताओं का पक्षधर होगा। आज की आदिवासी दुनिया को वैश्वीकरण ने सबसे ज़्यादा धक्का पहुँचाया है। आज के अस्मितामूलक विमर्श में आदिवासी स्वर ऐसा स्वर है जो एक साथ नव-साम्राज्यवाद के विरुद्ध भी है और अस्मिता-अस्तित्व के लिए भी संघर्षरत है। मेरा मानना है पूँजीवाद कभी भी सहजीवी समाज का विकल्प नहीं हो सकता है। आदिवासी समाज की सहजीविता यानी आदिवासियत

ने कभी भी जीवन की बुनियादी ज़रूरतों को बेचने का समर्थन नहीं किया है। इसके प्रतिरोध में ही रेड इंडियंस को अपने अस्तित्व के लिए संघर्ष करना पड़ा 'सोसोबोंगा' की चिन्ता भी यही है। इसके प्रतिरोध में ही बिरसा आबा ने कहा था 'अबुआ दिसुम'। इसके प्रतिरोध में ही जयपाल सिंह मुण्डा ने कहा था कि ''जिन्हें विकास का मन्दिर कहा जा रहा है वो आने वाले दिनों में आदिवासियों के लिए विनाश के कारण बनेंगे।'' आज डोडे वैद्य की चिन्ता भी यही है। 'बाघ और सुगना मुण्डा की बेटी' भी यही कहती है।

'बाघ और सुगना मुण्डा की बेटी' कविता सबसे पहले 'पक्षधर' के जुलाई-दिसम्बर 2014 अंक में प्रकाशित हुई थी। 'पक्षधर' के सम्पादक विनोद तिवारी जी ने इतनी लम्बी कविता को प्रकाशित करने का साहस किया। अब यह पुस्तक रूप में प्रकाशित हो रही है। वैसे यह मेरी दूसरी रचना है, जो सबसे पहले प्रकाशित हो रही है। पहला संकलन 'अघोषित उलगुलान' अब भी अप्रकाशित है। वाणी प्रकाशन मेरी किसी रचना को प्रकाशित करने वाला पहला प्रकाशक है। उम्मीद है, वाणी प्रकाशन से यह सहयोग आगे भी मिलता रहेगा।

वरिष्ठ आलोचक रविभूषण जी ने बहुत ही मनोयोग से इस कविता पुस्तक की भूमिका लिखी। उन्होंने आदिवासी मिथ, स्मृतियों और अनुभवों को वैश्विक फलक पर विश्लेषित कर आदिवासियत को सूत्र दिया है। अपने लेखन में मुझे पूर्वजों, माँ-पिता, अनुराग, अंजलि, रोमा, बाबू बिट्टू और अपने परिवार समेत पूरे समाज के संघर्षों से प्रेरणा मिलती रही है। प्रिय अजय आनन्द शुरू से ही मेरी रचनाओं के प्रकाशन को लेकर तत्पर रहे हैं। युवा सम्पादक पंकज बोस ने मेरी रचना के प्रकाशन में दिलचस्पी ली, यह मेरे लिए सन्तोष की बात है। अजय और पंकज नहीं होते तो शायद ही यह लम्बी कविता पुस्तक रूप में सम्भव हो पाती। प्रकाशन का सारा जिम्मा उन्होंने ही सँभाला। प्रसिद्ध चित्रकार अशोक भौमिक जी ने संघर्ष के साथी की तरह सहज ही आवरण चित्र उपलब्ध कराया है। अन्ततः हम सब सहजीवी हैं, सबको हूल जोहार!

अनुज लुगुन

बाघ

और

सुगना मुण्डा की बेटी

अथ कथा प्रवेश

अब तक यह बताया जाता रहा है और जाना जाता रहा है कि बाघ का ठिकाना जंगल है। यह मानव सभ्यता के इतिहास का एकांगी और एकतरफ़ा ज्ञान रहा है जिसने एक वर्चस्व को जन्म दिया और हम उस वर्चस्व का लगातार पालन करते रहे हैं। इस वर्चस्व का जिसने प्रतिरोध किया उसे मनुष्यता के दर्जे से भी पदच्युत कर दिया गया। चूँकि अब जंगल तेज़ी से समाप्त हो रहे हैं इसलिए बाघ का ठिकाना और स्वरूप भी बदल गया है। अब एक तरफ़ जंगल, पहाड़ और नदियाँ हैं तो दूसरी तरफ़ बाघ हैं। एक तरफ़ बाघों की तस्करी हो रही है, दूसरी ओर बाघों की जनसंख्या बढ़ाने के लिए जंगलों में सरकारी 'बाघ प्रजनन परियोजनाएँ' चलायी जा रही हैं।

कल की ही बात है—सुगना मुण्डा की बेटी ने मनुष्यों के एक समूह को भूखे बाघ के हिंसक आवेग के साथ अपने गाँव में हमला करते हुए देखा। वह घबराई—"इतने सारे 'कुनुईल' कहाँ से आ गये? चानर-बानर, उलटूबग्घा कहाँ से आ गये?" वह अपने समाज में अपने भाइयों की ओर दौड़ी, वहाँ भी उसने कुछ 'चानर-बानर' को टहलते हुए देखा। वह डर कर उनके हमलों से बचने के बारे में योजना बनाने लगी। उसने देखा कि एक तरफ़ तो समूहों में आये बाघ उसे और उसके समुदाय को 'जंगली' सम्बोधन देकर घृणा प्रकट कर रहे थे, वहीं दूसरी ओर उसने देखा अपने लोगों के बीच से ही 'चानर-बानर' बनने वाले शिकार की खोज में घूम रहे हैं। उसने सोचा—चूँकि उसके पुरखे, पिता और भाई की ऐतिहासिकता है इसलिए वह जो कुछ देख रही है वह स्वप्न नहीं हो सकता है और न ही कोई साहित्यिक परिकल्पना!

बाघ

जंगल पहाड़ी के इस ओर है और
बाघ पहाड़ी के उस पार
पहाड़ी के उस पार राजधानी है,

उसने अपने नाखून बढ़ा लिए हैं
उसकी आँखें
पहले से ज़्यादा लाल और प्यासी हैं
वह एक साथ
कई गाँवों में हमला कर सकता है
उसके हमलों ने
समूची पृथ्वी को दो हिस्सों में बाँट दिया है,

जहाँ से वह छलाँग लगाता है
वहाँ के लोगों को लगता है
यह उचित और आवश्यक है
जहाँ पर वह छलाँग लगाता है
वहाँ के लोगों को लगता है
यह उन पर हमला है
और वे तुरन्त खड़े हो जाते हैं
तीर-धनुष, भाले-बरछी और गीतों के साथ,

जहाँ से वह छलाँग लगाता है
वहाँ के लोगों को लगता है

उसके ख़िलाफ़ खड़े लोग
असभ्य, जंगली और हत्यारे हैं
सभ्यता की उद्घोषणा के साथ
वे प्रतिरोध पर खड़े लोगों पर बौद्धिक हमले करते हैं
उनकी भाषा को पिछड़ा हुआ और
इतिहास को दानवों की दावत मानते हैं
उनके एक हाथ में दया का सुनहला कटोरा होता है
तो दूसरे हाथ में ख़ून से लथपथ कूटनीतिक ख़ंजर,

युद्ध की सन्धि रिश्तों से और
रिश्तों से युद्ध करनेवाले
श्रम को युद्ध से और
युद्ध से श्रम का शोषण करने वाले
स्व-घोषित सभ्यता के कूप जन
गुप्तचरी कर और गुप्तचरी कराकर
किसी की भी आत्मा में प्रवेश कर सकते हैं,

उस दिन जब
सुगना मुण्डा की बेटी ने
उनकी वासनामयी
दैहिक माँग को ख़ारिज कर दिया
तो वे 'चानर-बानर' बन कर
उसके समाज के अन्दर ही घुस आये
अब वे दैहिक सुख के लिए
सुगना मुण्डा की बेटी के
वंशजों की आत्मा में भी प्रवेश कर
बाघ का रूप धर रहे हैं

सुगना मुण्डा की बेटी हैरान है कि वह
उस बाघ की पहचान कैसे करे...?
कुछ कहते हैं
वह सभ्यता का उद्घोषक है

सत्ता का अहं है
कुछ कहते हैं
वह आदमी ही है
तो कुछ यह भी कहते हैं कि
बात बाघ के बाघपन की होनी चाहिए
जो हमारे अन्दर भी है और बाहर भी,

उस दिन से
सुगना मुण्डा की बेटी
बाघ के सामने तन कर खड़ी है...

सुगना मुण्डा

सुगना मुण्डा जंगल का पूर्वज है
और जंगल सुगना मुण्डा का
कभी एक लतर था तो दूसरा पेड़
कभी एक पेड़ था तो दूसरा लतर
यहाँ संघर्ष का सच भी था
और सौन्दर्य का आत्मिक स्पर्श भी
दोनों सहजीवी थे
दोनों के लिए मृत्यु का कारण था
एक-दूसरे से अलगाव,

यहाँ हत्यारा कोई नहीं था
जैविक वनस्पतियों में
युद्ध के बीज कहीं नहीं थे
मांदर और नगाड़े
छऊ, जदुर और खेमटा
करम और सरहुल
पेड़ की फुनगियों पर
तीतरों की तीरयानी पर
बच्चों की तोतली बोली की तरह थे
संवाद गीत थे
और गीतों की भाषा
गुन्दु की तरह बुनी होती थी
यहाँ बाघ उतना ही अनुशासित था
जितना कि भूख

और यह सब एक दिन
सुगना मुण्डा ने
अपनी प्रियतमा के जूड़े में खोंस दिया था
उसकी प्रियतमा के जूड़े
इतने सुन्दर थे कि
उसकी महक पूरे जंगल में
जड़ों की तरह फैल गयी
और उससे उगने लगे रक्त-बीज
पहले से ज़्यादा उर्वर
पहले से ज़्यादा साहसी
पहले से ज़्यादा चेतना सम्पन्न
हर बार ऐसा होता रहा
हर बार उम्मीद
बसन्त के गीत गाता रहा,

कविता के लिपिबद्ध होने से पहले तक
सुगना मुण्डा गीत गाता रहा
उसे अलिखित क़रार
ज़्यादा सहज और संवेदनशील लगता था
अबोले सहमति पर उसका विश्वास था
मितभाषी उसका आनुवांशिक गुण था
उसे लिखने से ज़्यादा
अपने साथ खड़े पेड़ों पर विश्वास था
उस पत्थर पर भरोसा था
जिसे वह अपने पुरखों के सम्मान में
क़ब्र पर उनके सिरहाने गाड़ आता था
उसे पृथ्वी पर भरोसा था कि
चेतना और विचार
उसी के उपादानों से आते हैं,

और इसी बीच
कविता के साथ-साथ

इतिहास, दर्शन, विज्ञान और
यहाँ तक कि
रिश्ते भी लिपिबद्ध होने लगे
अब लिखित ही सब कुछ था
लिखित ही प्रामाणिक था,

सुगना मुण्डा के सामने
जो दुनिया बन रही थी
उसमें लिखित ही वैध था
वही सभ्य और सांस्कारिक था
और लिखा वही जा रहा था
जो विजेता चाह रहा था
जो विजित थे
वे उनके लेखन के अयोग्य थे
तब सुगना मुण्डा ने जाना कि
पृथ्वी पर चेतना और विचार
हर जगह बिल्कुल वैसे नहीं हैं
जैसे कि उसका देस है,
उसने यह भी जाना कि
उसके साथी
उसके सहजीवी
उसकी ज़मीन
उसके जंगल
उसकी नदियाँ
उसकी आज़ादी
उसका सम्मान
सब ख़तरे में हैं
उसे सूअरों ने
शब्दों के जंगल में इतना छकाया
कि वह छापामार बन गया
तब भी उसने गीत ही गाये
उसके गीत अलिखित, आरूढ़
और सौन्दर्य के संघर्षरत प्रतिमान बने,

चूँकि सैकड़ों साल पहले
सुगना मुण्डा ने
हँड़िया बनाने की कला से मुग्ध होकर
अपनी सुगनी के जूड़े में
रक्त-बीज का फूल खोंस दिया था
इसलिए फूल खिलते रहे
कभी बसन्त में, तो कभी बरसात में
यहाँ तक कि पतझड़ में
सबसे ज़्यादा लालायित होते थे
फूल खिलने के लिए
(बारहमासा फूल थे),
फूल के रंग अनगिनत थे
और अचीन्हे भी
(क्योंकि कभी भी
सुगना मुण्डा के फूलों के रंग को
ग्रन्थों और पोथियों में लिखा नहीं गया),

फूल खिलते रहे हैं सृष्टि के आरम्भ से
आरम्भ से ही जीवन के प्रश्न को लेकर
खिलते रहे हैं लाल-लाल रक्त-बीज के फूल
बाहर की दुनिया में अज्ञात थे सुगना के खिले फूल
जो ज्ञात थे वे अर्द्ध-ज्ञात थे वैदिक सदी में
और जितने ज्ञात फूल थे
वे फूल नहीं, उनके इतिहास का उपहास था,

फूल खिलते रहे—
वैदिक ग्रन्थों में खिले,
धर्म ग्रन्थों में खिले,
महाकाव्यों में खिले,
ब्राह्मणों में खिले,
लेकिन सुगना के लिए
इनमें नहीं थी सुगन्ध

कहीं नहीं थे पराग
ऐसे ही फूल खिले थे
आर्यों के आगमन से
कोलम्बस के दम्भ से
वास्कोडिगामा की दुनियादारी से,
फूल खिले 1764 ई. में
1830 ई. में, 1832 ई. में, 1855 ई. में
उलगुलान में, भूमकाल में, मानगढ़ में
हर बार फूल खिलते रहे कि
दुनिया पहले से और ज़्यादा सुन्दर हो
हर बार सुगनी के जूड़े से ही
छीन लिया जाता रहा उसके हिस्से का फूल
उसकी देह से गन्ध और अखड़ा से गीत,

और एक दिन फूल खिला
सुगना मुण्डा के घर में
और लिखने वालों ने लिखा कि
'सुगना मुण्डा का बेटा था बिरसा मुण्डा'
लिपिबद्ध करने वालों ने लिपिबद्ध किया कि
'बिरसा मुण्डा धरती आबा हैं'
उन्होंने नहीं लिखा कि
'सुगना मुण्डा की बेटी थी बिरसी'
उन्होंने नहीं बताया कि
'सुगना मुण्डा की कोई बेटी थी या नहीं'
उन्होंने जानने नहीं दिया कि
'सुगना मुण्डा की बेटियाँ घूँघट के नीचे
सहम कर नहीं जीती हैं
वे तो फरसे और धनुष के साथ बलिदानी हैं'
उन्होंने नहीं सुनाया कि
'सुगना मुण्डा अपनी बेटियों को
बेटों से अलग नहीं करता है'
उन्होंने कचहरियों में दर्ज नहीं कराया कि

'सुगना मुण्डा की बेटियाँ
अपने पिता के घर में उसकी पैतृकता की समान भागीदारी हैं'
उन्होंने नहीं सुनाया सुगना मुण्डा का यह गीत कि
''बेटियों के जन्मने से गोहार घर भर उठता है''
उन्होंने गवाही नहीं दी कि
'बिरसा मुण्डा के साथ डूम्बारी बुरु में
अनगिनत संख्या में सुगना मुण्डा की बेटियों ने कुर्बानी दी
और मृत माँ से चिपक कर दूध पीते बच्चे को देखकर
गोरे कप्तान की पत्नी की आँखों में आँसू आ गये थे'
और यह गीत आज भी मुण्डा गाते हैं

सुगना मुण्डा की सुगनी ने
खिलाये थे फूल
उन फूलों ने अपनी कोमलता से नहीं
अपने रंगों से बाघों को चुनौती दी थी
और यह बात उस डाकिये ने नहीं सुनी
जो सुगना और सुगनी की दुनिया में
अपनी पैतृक वंशावली के साथ आया था
और इस तरह अधूरे ही रहे प्रतिमान
उनके विश्लेषण के
पूरी बात यहाँ से नहीं पहुँची
कि बिरसा मुण्डा के साथ बिरसी भी रही है
कि बिरसी और बिरसा ने
सम्मिलित चुनौती दी है आदमख़ोरों को
कि कभी एक ध्रुवीय नहीं रही है उनकी दुनिया,

हमेशा दफ़न किया गया है
जनवादी संघर्ष को
जनता के गीतों को
एक 'सम्भ्रान्त', 'सवर्ण' और 'पैतृक'
फ़्रेम रहा है उनके पास
और उसी मानक में कसते रहे हैं

वे सभ्यता की परिभाषा,
उसी परिभाषा में, उसी फ्रेम के अन्दर
जबरन घसीटा गया सुगना मुण्डा के बच्चों को
इतना गहरा और इतना अधिक दार्शनिक प्रलोभन देकर कि
आज वे उनकी भाषा को
अपनी भाषा में अनूदित करने लगे हैं
समसत्ता का पितृसत्तात्मक भाष्य ही
प्रस्तुत किया जाता रहा है उनके सामने
अनूदित भाषा के व्यवहार का ही प्रचलन किया जा रहा है उनमें,

और तब सुगना मुण्डा की बेटी को
यक़ीन होने लगा कि
चानर-बानर होते हैं
उलट्बग्घा होते हैं
आदमी ही बाघ बनते हैं
कुनुईल होते हैं
जो हमेशा शिकार की खोज में होते हैं
उनके लिए न कोई अपना है
न कोई पराया है
उनकी अपनी सिर्फ़ भौतिक भूख है,

शिकार की खोज में
गलियों में, घाटों में, बाज़ारों में
घूमते हिंसक बाघों को देखकर भी
आज सुगना मुण्डा ने अपनी बेटी से नहीं कहा कि
'बिरसी! घर में छुप जाओ'
नहीं कहा कि
'तुम एक लड़की हो'
उसने कहा
'बिरसी! आज भी जंगल हमारा पूर्वज है
और हम जंगल के पूर्वज हैं
हमारे पूर्वजों से विच्छेद करा कर

हमारे अस्तित्व की रीढ़ तोड़ी जा रही है
हमें अपने पूर्वजों की सहजीविता से जबरन दूर रख कर
हमारे अन्दर वर्चस्वकारी संस्कार आरोपित किये जा रहे हैं
कि हम एक ही दिखें, एक ही रंग में रँगे
हम भी सभ्यता के भ्रम में करने लगे हैं
बेटियों की पहचान बेटों से अलग'

उसने पहाड़ी के उस पार से उभर कर आती
आकृतियों को देख कर
गहरी साँस छोड़ते हुए चिन्ता के स्वर में कहा—"बिरसी!
यह बाघ के हमले की साजिश है
वह समूह पर हमला नहीं कर सकता
इसके लिए वह पहले शिकार को खदेड़ कर अलग-अलग करता है,

यह बाघ का ही हमला है कि
हम बिखर रहे हैं
हम भूल रहे हैं अपनी ही सहजीविता
लैंगिकता के साथ
पितृसत्ता का स्वीकार
हमारे ख़ून में ज़हर भरेगा
और आन्तरिक संरचना में कमज़ोर होकर
मुक्ति की परिकल्पना सम्भव नहीं होगी

सदियों से बाघ
हमें अपने ख़ूनी पंजों में
जकड़ने की कोशिश करता रहा है
हर बार हमारी सहजीविता ने उसे पराजित किया है
हमारी सहजीविता ही बनाती है
भेदरहित मज़बूत रिश्ते
सत्ता और वर्चस्व
अपने बाघपन से ही जीवित रहती है
आदमी ही बाघ हो जाते हैं

'चानर-बानर' होते हैं
'उलटूबग्घा' होते हैं
भले ही जंगल ख़त्म हो जाय
भले ही प्राकृत बाघ विलुप्त हो जायें,

बिरसी! जंगल के पूर्वज
कभी भी प्राकृत बाघ के दुश्मन नहीं रहे हैं
हम जंगल के पूर्वज रहे हैं
और जंगल हमारा पूर्वज है
जंगल केवल जंगल नहीं है
नहीं है वह केवल दृश्य
वह तो एक दर्शन है
पक्षधर है वह सहजीविता का
दुनिया भर की सत्ताओं का प्रतिपक्ष है वह।"

सुगना मुण्डा की बेटी

आसमान को छू कर
उन्हें भेद देने की होड़ में खड़ी
कलात्मक इमारतों से लिपटी
चमकती काली सर्पीली सड़कों के नेपथ्य में
यह बाघ की गर्जना है
उसकी गर्जना से
जंगल की सूखी टहनियाँ
दीमकों की पपड़ियाँ झर रही हैं
गोलियों की तड़तड़ाहट
और विस्फोटकों की कर्कश धमाकों के बीच
नेपथ्य-ध्वनि की तरह रह-रह कर उठती है चीख,
बच्चों की, औरतों की और बूढ़ों की कराह,
उनके भागने की आहट,
झाड़ियों के टूटने-चरमराने की आहट,

बाघ की गर्जना से पहले बज रही
मांदर की थाप अब थम चुकी है,

रात का अन्तिम पहर है
चाँद जो टुकड़ों में अब तक आसमान में था
वह भी जा छुपा था किसी ओट में
झींगुर, जुगनू, नुगुर
हर कोई जैसे गवाही देने से

बचना चाह रहा हो
घबराती हुई, डरती हुई
ख़ुद को सँभालती हुई सुगना मुण्डा की बेटी ने कहा–
"यह बीजापुर है
सिर्केगुडम, कोथागुडम, राजुपेंता और जागामुण्डा,
ये दण्डकारण्य के गाँव हैं
हमारा गाँव-घर है दण्डकारण्य
दण्डकारण्य के गाँवों ने 'वैश्विक ग्राम'
के सन्धि प्रस्तावों के विरुद्ध मतदान किया है
क्या उसी का परिणाम है यह कि
यहाँ मासूम, नाबालिग़ों तक की लाशें बिखरी हुई हैं?"

उस चीखती हुई सन्नाटे में
काँच की चूड़ियों के टूटने की खनक
एक सम्बोधन के साथ पसरी–
"ओ रीडा हड़म...!!
तुम तो कहा करते थे
जंगली जानवर
बच्चों और औरतों पर हमला नहीं करते
लेकिन इतना बड़ा और अचानक हमला...?
कहीं कोई आहट तक नहीं हुई
ओह...!!!!
ओ सिंगबोंगा!
ओ धर्मस!
ओ मारंग बुरु!
ओ सिकारी देवता!
हमसे क्या गलती हुई??

ओ हमारे देवथान के पुरखा!
हमारे गुरु!
कैसे मान लूँ कि
तुम्हारी शिक्षा ग़लत थी

कैसे मैं दुनिया को बताऊँ कि
यह एक जानवर का ही हमला है...
...?...?...?...?...ओह!!"

और दूर जंगली पहाड़ियों के बीच
किसी गाँव से आती रही नेपथ्य में
पाड़ कर रहे लोगों की आवाज़
एक गीत गूँजता रहा
रात की सतर्क आँखों के नीचे–
"कौन जंगल जल रहा
केवल धुआँ ही धुआँ उठ रहा
हय रे, मेरे मीत रे
तुम देखने से भी दिख नहीं रहे
खोजने से भी मिल नहीं रहे
तुम्हें पत्थर से ढँक दिया गया
तुम्हें काँटों से ओढ़ दिया गया
हय रे, मेरे मीत रे
तुम देखने से भी दिख नहीं रहे
खोजने से भी मिल नहीं रहे"

सुगना मुण्डा की बेटी
देसाउली में देंवड़ा की मुद्रा में बैठी रही
गूँजता था गीत उसके कानों में
साथ गूँजती थी उस रात की
गोलियों और विस्फोटकों की आवाज़
वह कुछ गुनती रही
कुछ मथती रही
मन में अवसाद था
कुछ बीती सदियों का कटु मवाद था
वह भविष्य की सुनहरी उम्मीद में
तालाब में पसरे कमल-कुमुदों के बीच
खोजती रही गुणकारी औषधि-युक्त लाल कमल
जिसे अर्पित कर

इस सन्त्रस्त सदी से मुक्ति मिले,

उस घटना के बाद
एक रात वह
नाट्य रूप में पुरखों से मुखातिब रही—
"मुझे बताओ रीडा हड़म
वह किस जंगल से आया था

उसके पदचिह्न किस ओर से आये थे
किस ओर गये हैं
मुझे बताओ ...मुझे बताओ"

रीडा हड़म ने
बेचैन समुद्र-सी गहरी साँस लेकर
अपने सम्पूर्ण संचित अनुभव ज्ञान से कहा—
"ओ बिरसी!
यह वह चौपाया बाघ नहीं
जिसका शिकार बहिंगा से
तुम्हारी दई ने बकरी चराते समय किया था
जब उसने जानलेवा हमला बोला था,

यह वह धारीदार बाघ नहीं
जिसे तुम्हारे दादा ने
हल जोतते समय
हल की मूठ से परास्त किया था
जब उसने बैलों पर झपटा मारा था,

यह वह आदमख़ोर भी नहीं
जिसका मैंने दुहत्था-दुपैरा धनुष से सेंदेरा किया था
जब उसने मेरे भाई को जबड़े में दबोच लिया था"

बिरसी का आवेग
पहाड़ी नदी की तरह था

वह तड़प उठी–
"ओह गोमके!
मुझे जल्दी बताओ
वह कौन है?
कहाँ से आया था?
मेरा ख़ून मेरी आँखों से टपक रहा है
मेरा धनुष तन गया है
मुझे उसका पता चाहिए
मुझे उसका सही ठिकाना चाहिए..."

रीडा हड़म–
"रुको बिरसी!
यह भावावेश घातक है
इसी आवेश ने
वीरों को असमय शहीद किया है
ऐसा करना अरणनीतिक क़दम होगा
यहाँ तात्कालिक प्रतिक्रिया का कोई भविष्य नहीं है
ऐसे ही हज़ारों सालों से
हमारी लड़ाई अधूरी रह गयी है,

थोड़ा और धैर्य चाहिए
थोड़ा और चिन्तन
और वैचारिकता भी चाहिए
इसके बिना कहीं सहयोग नहीं है
कहीं समर्थन नहीं है
हम अधूरे ही होंगे, बिखरे हुए ही होंगे"

बिरसी–
"ओह हड़म!
मैं और क्या कर सकती हूँ
जब मेरी ही आँखों के सामने
मेरे परिजनों की लाशें बिछी हैं,

क्या करना चाहिए मुझे?
कहाँ है वह...?"

रीडा–
"सुनो बिरसी!
यह इतना आसान नहीं है
समय के साथ कार्रवाई के तरीक़े भी
बदल जाते हैं और चुनौती भी
तुम्हारी चुनौती वही नहीं थी
जो सिनगी दई की थी,

सोचो कि अगर कोई तुम्हें कहे कि
तुम एक लड़की हो
और मर्दों की दुनिया में
एक लड़की का नेतृत्व
संघर्ष को कहाँ तक ले जाएगा

अगर यह सवाल खड़ा हो गया तो...?"

बिरसी (चौंक कर माथा धुनते हुए)–
"यह क्या कह रहे हैं ?
हम सुगना मुण्डा की बेटियाँ हैं
उनके बेटों के सामने बेटियाँ नहीं
उनके बेटों की संगी बेटियाँ
और आप यह..."

रीडा–
"तुम सही हो बिरसी
लैंगिक भेद पर
तुम्हारा यह आवेश
हमारी मातृसत्ता का ही अवशेष है
हाँ, लेकिन यह अवशेष है

जो हर बार हर तरफ़ से छीला जा रहा है
नोच-नोच कर निगला जा रहा है इसे
जनहित के लिए उठाये गये तुम्हारे क़दम पर
सबसे पहले तुम्हारे लोगों के बीच से ही उँगली उठेगी''

बिरसी– ....!!!!

रीडा–
''तुमने देखा है
अपने ही भाइयों को
जो हाट में आते हैं दिकु से बतियाते हैं
वह दिकु उनसे कहता है कि
'कैसे भाई हो जो
तुम अपने बहनों को
वश में कर नहीं सकते
कैसे पति हो
जो पत्नी को सरेआम हँसने पर मना नहीं करते
सब के सब मर्द-जनाना
एक साथ बतियाते-गपियाते हैं
नीचता है यह, असभ्यता है यह'
और तुम्हारे ही भाई
अब तुम्हें देखने लगे हैं बेटियों की तरह
पितृसत्ता के विषाणु फैल रहे हैं
हमारे अन्दर यहाँ से वहाँ तक
संस्थागत और नीतिगत रूपों में,

जिसे तुम खोज रही हो
वह बाघ एक हमारे ही बीच है
और एक पहाड़ी के उस पार
दोनों का समझौता न हो
दीर्घ मुक्ति के लिए
इस पर बल देना ज़रूरी है''

बिरसी—
"पितृसत्ता के विषाणु फैल रहे हैं हमारे बीच
जो घातक हैं मुक्ति की राह में...?"

रीडा—
"हाँ बिरसी!
जब तक हमारी दुनिया
एक द्वीप की तरह थी
तब तक समता थी
हमारे गीत-अखाड़े
सबके लिए बराबर थे
तुम्हारे लिए गितिः ओड़ाः था
धुमकुड़िया था, पेल्लो एड्पा था, घोटुल था
लेकिन जब से हमारी दुनिया में
घुसने लगी हैं सागर की बेख़ौफ़ लहरें
उसके सत्तात्मक विषाणु हमारे बीच फैलने लगे हैं
कहीं पितृसत्ता, तो कहीं सामन्ती सत्ता,
कहीं धर्म की सत्ता तो कहीं पूँजी की सत्ता है
सम्पत्ति का वैभव और उसकी लालसा
मेहनत और उपज के
सामूहिक ख़ून-पसीनों के बीच भी
महामारी की तरह पसर रही है

तुम्हारा हर क़दम
हमारे बीच ही बन रहे
सत्ता के अधिकारियों को चुनौती होगा
जो उन बाहरी समुद्री लहरों के साथ निजी समझौता कर रहे हैं"

बिरसी—
"ओह! तो कल के हमले का कोई एकमात्र सूत्र नहीं है...?
इसके पीछे एक पूरी संरचना है

एक पूरी व्यवस्था है
जो सत्ता के अनेक सूत्रों से बुनी है
आदमख़ोर बाघ एक अकेला हमलावर नहीं है
और उसका नहीं है कोई एक ही प्रयोजन?''

रीडा—
''हाँ नुन्नी!
हमें चौपाया बाघों से कोई डर नहीं है
उनसे हमारी नस्लों को कोई ख़तरा नहीं है
हमारे बूढ़े, बच्चों और औरतों पर
ये कायराना हमला नहीं करते हैं
उनसे हमारी कोई शत्रुता नहीं है
ये सब तो हमारे सहजीवी हैं''

बिरसी—
''कितना कठिन समय है यह
कि हम सामने शत्रु को देख कर भी
उसको पूरी तरह पहचान नहीं सकते
उसके रूप को केवल किसी एक रूप से
समझ नहीं सकते
शत्रु देह का आकार भर नहीं
वह एक पूरा विचार भी है
एक पूरी व्यवस्था है
उसकी अ-सम दृष्टि है''

रीडा—
''हमें उन सब कारणों की पड़ताल करनी होगी
उन सभी सूत्रों के तह में पहुँचना होगा
जहाँ से यह अमानवीय रिसाव है
और इन सबके लिए
सबके साथ विचार चाहिए
विमर्श चाहिए

हमें बहस आमन्त्रित करनी होंगी
ठीक वैसे ही
जैसे हमारे ओल गोमके
मेनास राम ओड़ेया ने
'मतु रअः कहनि' में बताया है कि
सेलेगुटू गाँव के 'दुनुब' में
सरदारी लड़ाई और उलगुलान के दिनों में
कैसे मुण्डाओं ने कई दिनों तक
'कम्पनी तेलेंगा' और 'दिकुओं' के साथ-साथ
नव-बिचौलिये मुण्डाओं के भी आरोप सर्वसम्मति से तय किये थे
और तब उन्होंने किया था—
महान् हूल, महान् उलगुलान
ऐसे ही हुआ था
महान् भूमकाल और महान् मानगढ़
जिसे 'सम्भ्रान्त' और 'सवर्ण' लेखकों इतिहासकारों ने
जंगली लोगों का अराजक उपद्रव मात्र कहा,

हमें ऐतिहासिक, दार्शनिक
सभी पहलुओं पर विचार करना होगा बिरसी!
हमारा कोई भी अरणनीतिक और अव्यवस्थित क़दम
शहादतों की गलत व्याख्या प्रस्तुत करेगा
संघर्ष और शहादतों का मान
रणनीति और अनुशासन से ही महान् होता है''

बिरसी—
''आबा!
जितनी बड़ी चुनौती हमारे बाहर है
उतनी ही बड़ी चुनौती हमारे अन्दर भी है?''

रीडा—
''हाँ, बिरसी
बाहर और अन्दर का द्वन्द्व ही

बेहतर रास्ता तय करता है
हमें वस्तुगत परिस्थितियों के साथ ही
आन्तरिक संरचना और
आत्मगत भावनाओं का गहराई से विश्लेषण करना होगा
एक बाघ बाहर है तो एक हमारे अन्दर भी है
तभी तो चानर-बानर होते हैं, उलट्बग्घा होते हैं
आदमी ही बाघ बनते हैं, 'कुनुईल' होते हैं
कहीं वह अनुशासित है, तो कहीं छुट्टा घूम रहा है''

बिरसी–
''कहते हैं रोंगों बूढ़ा भी कुनुईल होता है
उलट्बग्घा बनता है
और कोई शिकार नहीं मिला तो वह
अपनी ही दो बेटियों को खा गया?''

रीडा–
''हम यह प्रामाणिकता के साथ नहीं कह सकते कि
रोंगों उलट्बग्घा बनता था
हाँ, यह स्वीकार्य है कि
हमारे बीच से ही उलट्बग्घा बनते हैं
आदमी ही बाघ बनते हैं, 'कुनुईल' होते हैं
हमारे 'मुण्डा' का बेटा उलट्बग्घा है
उसने कई लोगों को खाया है
सबसे पहले उसने
उन लोगों की ज़मीन की रसीद अपने नाम लिखवायी
जो उनके यहाँ अपनी ज़मीन बन्धक रख गये थे
उसने 'पड़हा' की बातों को
अपने धन के दम्भ से नहीं माना
और अपनी खानदानी बेटियों की ज़मीन हड़प ली
यह हज़ारों सालों से हमारे पुरखों द्वारा की गयी
दार्शनिक अभिव्यक्ति के ख़िलाफ़ था
और यह सम्भव हुआ था

अन्दर के बाघ का बाहरी बाघ के गठबन्धन से
सूई की नोक की तरह ही सही
ये विषाणु हमारे बीच पसर रहे हैं
हमारी अस्मिता और अस्तित्व के लिए
सबसे घातक आन्तरिक कारक''

बिरसी–
''यानी इस हत्याकाण्ड के उत्स में
अतीत है, इतिहास है, दर्शन है और विज्ञान भी है''

रीडा–
''हाँ, और यह इस धरती पर
केवल बीजापुर में घटित घटना नहीं है
बीजापुर केवल एक रूपक है
दण्डकारण्य केवल एक रूपक है
धरती पर जहाँ भी
धरती अपने सम्पूर्ण परिजनों के साथ है
जहाँ भी तितली फूलों पर
पंछी अपने पेड़ों पर
मछली अपनी नदियों में
हिरन अपने जंगल में हैं
वहाँ-वहाँ सहजीविता है
और वहाँ निजी लाभ के लिए
हमारी मेहनत और हमारे सौन्दर्य पर
वर्चस्व का प्रसार
दार्शनिक द्वन्द्व का कारक है''

बिरसी–
''अतीत के अधूरे जवाब से
पैदा हुए सवाल हैं ये...?
अविचारणीय मानकर छोड़ दिये गये
विचारणीय तत्त्व हैं ये...?

मेहनत और सौन्दर्य पर
प्रभुत्व की सभ्यता
और उसके प्रभुत्व से हीन
उसकी सामूहिकता की
सभ्यता के तत्त्वों का दार्शनिक द्वन्द्व है...?"

रीडा–
"हाँ, ये सवाल अब तक कथित सभ्य
और मानवीय लोगों के लिए विचारणीय नहीं थे
उनके विचार के केन्द्र में नहीं थी सहजीविता
उनके लिए यह जीवन
मनुष्य केन्द्रित था
जबकि यह धरती केवल मनुष्यों की नहीं है,

इसका उत्स है आदिमता की वह अवस्था
जहाँ सबसे पहले
मेहनत और उसकी उपज की
सामूहिकता का त्याग किया गया
और उसके शोषण को
सभ्यता और कलाओं का उत्स माना गया
निजी सम्पत्ति और अतिरिक्त की लालसा में
समानान्तर चल रही सामूहिकता की दुनिया का
बहिष्कार और उपहास किया गया,

बाघ का जन्म ऐसे ही हुआ है
ज्यों-ज्यों अतिरिक्त की लालसा बढ़ेगी
उलट्‌बग्घों की संख्या बढ़ेगी
और विलुप्त होंगे सहजीवी बाघ

वह आदमख़ोर अप्राकृत बाघ,
इतिहास में विजेता है
वह भगवान् भी है, देव पुत्र भी है

उसके लिए हम पशुवत् हैं
और बाघ एक सम्मानजनक प्रतीक
वह बाघ है, बाघ का पालक है,
जिसे तुम चार पैर
एक पूँछ, और मूँछों से पहचान नहीं सकतीं
वह हमारे सेंदेरा-विधान से भी
कई गुणा चालाक और शातिर है
वह अपने पोथियों और क़ानूनों से
वैसी ही लुभावनी बातें करता है
जैसे शिकार को फाँसने के लिए चारा डाला जाता है''

बिरसी—
''आबा, तो क्या यह अब भी जीवित है
इतिहास और अतीत का हिंसक प्रतिनिधि!
उसी अतीत में इसे खदेड़ नहीं दिया गया हमेशा के लिए...?''

रीडा—
''नहीं बिरसी!
लड़ाइयाँ कभी ख़त्म नहीं होतीं
लक्षित लक्ष्य के बाद भी
संघर्ष जारी रहता है
जब से इस बाघ का अस्तित्व है
तब से उससे संघर्ष है
बावजूद वह अपराजेय बना हुआ है
और इसकी वजह
मनुष्य की ख़ुद की कोमल कमज़ोरियाँ हैं
तत्काल लाभ ने
हमेशा इस धरती का नाश ही किया है,

तुम सुन सकती हो
उन गीतों को, उन कथाओं को
जो तुमने सुना होगा अपने स्वजनों से

उन्हीं गीतों में मौजूद है
बाघ से द्वन्द्व का सकारात्मक प्रमाण
उन प्रमाणों की व्याख्या ही
एक नया अध्याय प्रस्तुत करेगा,

सुनो गीत,
आओ, गाओ गीत
गीत ही हैं प्रतिमान बेहतर मनुष्यता के''

और सुनती है बिरसी
अँधेरे में रोशनी का गीत
देखती है वह स्वयं को गाती हुई
सुनती है वह दूसरों को गाती हुई
वह स्वयं उसमें शामिल है और बाहर भी
सामूहिक ध्वनियों से गुंजायमान है परिवेश—
''माँ, मुझे दो तीर-धनुष
माँ, मुझे चाहिए बलुआ फरसा
इस बरस सरहुल तो
इस बरस जदुर तो
लड़ाई के मैदान में होगा
संघर्ष के क्षेत्र में होगा''

कुछ अन्तराल के बाद फिर से
दूसरे गीत की सामूहिक ध्वनि उभरी—
''हे चितरी चरई,
हे असकल पक्षी,
जंगल तो जल रहा है
पहाड़ तो धधक रहे हैं
हम दाना चुगने कहाँ जायेंगे
हम गाना गाने कहाँ जायेंगे''

बिरसी—
“आबा, आबा!
यह तो गीतिः ओड़ाः के युवकों का गीत है
संगी युवतियों का स्वर है
लेकिन ये गीतिः ओड़ाः में केन्द्रा और टूईला
की जगह बलुआ फरसा की बात क्यों कर रहे हैं
सरहुल का त्योहार लड़ाई के मैदान में मनाने की तैयारी है
जदुर नाच संघर्ष के क्षेत्र में नाचने की बात कही जा रही है?”

रीडा—
“हाँ बिरसी,
यह गीतिः ओड़ाः के युवकों का गीत है
गीतिः ओड़ाः की युवतियों का स्वर है
यही स्वर है धुमकुड़िया का
यही ताल है पेल्लो एड्पा का
यही राग है घोटुल का
ये गोट कभी अनैतिक रंग-रस के नहीं रहे हैं
यह पाठशाला रही है युवाओं के लिए
सम्पूर्ण ज्ञान का प्रयोगशाला रहे हैं ये
यहीं सरहुल के गीत तैयार होते हैं
यहीं सेंदेरा के लिए
तीरों में ज़हर भी बुझाया जाता है
ये पड़हा पंचायत की प्रथम पाठशाला रही हैं
न्याय का अभ्यास है यह
हमारे गणतन्त्र के ज़रूरी खूँटे हैं ये”

बिरसी—
“ओह...! तो इन खूँटों से दूर होकर ही
हमारे लोग उलटूबग्घा बन रहे हैं
कुनुईल जन्म ले रहे हैं
इन खूँटों के कमज़ोर होने से ही
बाघ मज़बूत हुए हैं
उनकी संख्या बढ़ रही है...!”

अधीरता के साथ
वह फिर कहती है—
"ज्ञान के विस्तार के साथ ही
संघर्ष का क्षेत्र भी बढ़ गया है
अब मैं जाती हूँ लोगों के बीच
गाँव-गाँव डुगडुगी बजेगी
अस्मिता और आज़ादी का सन्दर्भ
अब वृहद् परिप्रेक्ष्य में होगा,

आबा! मैं जाती हूँ
मैं जोहार करती हूँ...!!"

रीडा—
"थोड़ा और रुको बिरसी
अन्तिम निर्णय लेने से पहले
पूरे धैर्य के साथ
सभी तत्त्वों का विश्लेषण होना चाहिए,

जाते-जाते
इस बात का
सबसे ज़्यादा ध्यान रखना है
कि यह समय
अब पहले से ज़्यादा निर्णायक है
इसलिए भयावाह भी है
बहुत मुश्किल होगा पहचानना
कि बाघ कौन है?
जिसे तुम अपना भाई मानती हो
जो तुम्हारा सहोदर है
जो तुम्हारे बिरादरी भी हैं
उसे भी गौर से परखो,

तुम देख सकती हो
देखो...देखो!
वहाँ जो केन्द्र में बैठा है
वह तुम्हारा ही तो भाई है
जो तुम्हारे ही
अधिकार और पहचान की बात करता है
देखो, उसका रूप बदल रहा है
उसकी अँगुलियाँ नाख़ूनों में
हथेलियाँ ख़ूनी पंजों में बदल रही हैं
उसके दाँत बाहर की ओर निकल आये हैं नुकीले
आँखें अंगारे की तरह हैं
वह आदमी है लेकिन बाघ हो रहा है
वह चानर-बानर है
वह उलटूबग्घा है
वह कुनुईल है
देखो, बुनुम में वह अपनी देह रगड़ रहा है
ओह...बिरसी...!
तुम किस-किस के लिए अपने तीर सँभाल कर रखोगी...?"

मौन अन्तराल के बाद
सफ़ेद आभा से युक्त
उस आकृति से अन्तिम आवाज़ आती है—
"और दूसरी ज़रूरी बात है
सबसे पुराने समय के
सबसे पुराने
और सबसे कम बचे लोग हैं हम
हमें तादाद के लिए नहीं
सहजीविता के लिए
अपने सहधर्मियों की खोज करनी होगी,
अब तुम जाओ,
जाओ बिरसी मैं भी अब विदा लेता हूँ
हज़ार-हज़ार वर्षों के इतिहास का गवाह

उसका जीवित चरित्र
घायल, आहत, और क्षुब्ध
लेकिन मुझे उम्मीद है
और उम्मीद से ही जीवित रहूँगा
आनेवाली सदियों तक,

जाओ, बंदई की अमावस्या वाली रात
जब गुड़ी परीक्षा का दिन होगा
तुम डोडे वैद्य से मिलो
वह तुम्हें पुरखों का और अधिक ज्ञान सौंपेगा
तुम पहले से ज़्यादा ज़िम्मेदार और मज़बूत होगी
तुम और तुम्हारे साथी
महान् विरासत के कर्णधार होंगे
जब तक वह सहजीवी ज्ञान है, वह जीवन है,
तभी तक आगामी लड़ाई की सार्थकता है
उसके बिना फिर से सब कुछ
कुरूप होगा, अराजक होगा,

जाओ, जाओ बिरसी!
मुण्डाओं की पुरखा!
सुगना मुण्डा की काल भेदी जीवित बेटी!
हज़ारों वर्षों के श्रमशील विरासत की वारिस!
हाशिये की रूपक!
सभ्यताओं की समीक्षक!
तुम्हें जोहार! तुम्हें जोहार! तुम्हें जोहार!!"

अवचेतना (और अचानक अवचेतना से)
जाग उठी बिरसी
हाँफने लगी...
कुछ कौतूहलता में खोजने लगी...
क्या यह सपना था...!!!
या, यह साक्षात्कार था पुरखों का, खूट का...??

या, यह बेचैनी का चरम था
जिससे बन रही थीं छवियाँ

आदमख़ोरों को
सभ्यता की सूची से बाहर कर देने के लिए?

रात पसर रही थी उसके चारों ओर
और नींद की जगह ले ली थी
दण्डकारण्य में उभर रही आकृतियों ने।

2.

साल के लम्बे-लम्बे पेड़ों को
अपने में समेटने की कोशिश करती
बंदई की अमावस्या–
गहन अँधेरा और दीपकों का उत्सव भी
गुलामी की साज़िश और मुक्ति की तैयारी भी,

और पास ही एक छोटी झोंपड़ी में
रात के उस प्रतिपक्ष में खड़े
दीये की मद्धिम रोशनी
साल के पेड़ों की पहचान बचा रही है
साथ ही उससे उभर रही है
झोंपड़ी के अन्दर एक बूढ़े की पहचान
जिसके गले में एक गमछी टँगी है,
घुटनों तक सफ़ेद धोती लिपटी है
उसके हाथ में बाँस की चमकती हुई छड़ी है
वह डोडे वैद्य है,

वैद्य की उपस्थिति
वहाँ अन्य सात जनों की पहचान बना रही है–
'तीन युवक और चार युवती'
और उन तक मद्धिम आवाज़ में
गाँव के किसी कोने से बंदई का गीत पहुँचता है–
"लियो रे हिर्रे, लियो रे हिर रे

हमारे खेत, हमारी खेती के साथी
लियो रे हिर्रे, लियो रे हिर रे
तुम्हारे लिए दीये हैं, तुम्हारे लिए बाती
लियो रे हिर्रे, लियो रे हिर रे
सब कुछ बचा रहे, सब कुछ बना रहे
लियो रे हिर्रे, लियो रे हिर रे
हिसिंगा से परे, डाह से परे''

डोडे वैद्य के सामने गोबर लिपी ज़मीन पर
कुछ दोने हैं, दोनों में अरवा चावल हैं
धुँअन है, हँड़िया है
वह संवाद की मुद्रा में कहता है–
''गुड़ी की अन्तिम परीक्षा का दिन है यह
फिर से आज कहूँगा कि
यह साँप पकड़ने
या, आत्माओं को जकड़ने का जादू-टोना नहीं है
और न ही हम ऐसे ढोंगी विद्या के समर्थक हैं
यह आयुर्वेद का सम्पूर्ण ज्ञान है
गन्ध और गीतों का समुच्चय है
मूल 'होड़ो-पैथी' है यह
जीवों के बाह्य और आन्तरिक
विशेषताओं और विसंगतियों का ज्ञान
और इसके सूत्रधार होते हैं मंतर''

''ये मंतर केवल शब्द नहीं हैं
केवल ध्वनि मात्र नहीं हैं
और न ही यह मेरी रचना है
जिसे मैं अपनी अमरता के लिए
तुम्हारी स्मृतियों का स्तम्भ खड़ा कर रहा हूँ
यह किसी ओझा का झूठ या अन्धविश्वास नहीं है
यह उन सबका सार है
निचोड़ है, रस है,

जो हमारे आस-पास के जीवन में
और प्रकृति में दृश्य-अदृश्य
बोले-अबोले रूप में मौजूद है,

इस धरती में जीवन के तन्तु
एक-दूसरे प्राणियों से ही बुने हैं
हम अपने जीवन के लिए सबके आभारी हैं
प्रकृति में कोई भी किसी के बिना अधूरा है
एक के बिना दूसरे की पहचान अधूरी है
सम्पूर्ण जीवन में हम अपने सहजीवियों से
प्रत्यक्ष संवाद नहीं कर पाते हैं
यह मंतर उनसे संवाद का माध्यम है
यह मंतर है
अलिखित,
अ-रूढ़,
और स्व-अभिव्यक्त''

जोना (शिष्या)–
''एक तरफ़ हम यहाँ
जीवन बचाने के लिए परीक्षा में उतरे हैं
दूसरी तरफ़ अमानवीय शक्तियाँ भी हैं
जो आज की रात तैयारी कर रही हैं
अपनी क्षमता बढ़ाने के लिए
कहा जाता है
आज चुड़ैलें नाचती हैं अँधेरी रात में
डायन-सभा होती है
जो अपनी देह में जलते हुए दीये को लेकर नाचती हैं
आदमख़ोर कहीं अपने दाँत तेज़ कर रहे होंगे''

सेः को (शिष्य)–
''अगर हमारे मंतर की शक्ति है तो

उनके मंतर की भी शक्ति होगी ही
तो क्या यह शक्तियों की टकराहट होगी...?
क्या यह द्वन्द्व है
अपनी-अपनी शक्ति स्थापना का...?"

डोडे वैद्य–
"एक तरफ़ हम हैं
जो जीवन बचाने के लिए ख़ुद को समर्पित कर रहे हैं
और दूसरी तरफ़ अमानवीयता की भी तैयारी है
ग़ौर करने की बात है कि
हर शक्ति मानवीयता के नाम पर ही उभरती है,

हमारी तैयारी शक्ति स्थापित करने की नहीं है
बल्कि अमानवीय शक्तियों को
जीवन के केन्द्र में आने से रोकने की है"

जितनी (शिष्या)–
"तो फिर यह द्वन्द्व है, लड़ाई है
लेकिन हमें तो सबकी सेवा के लिए तत्पर होना है
हमारे लिए क्या शत्रु, क्या दोस्त
सब मरीज़ हैं, दुःखी जन हैं"

डोडे वैद्य–
"हाँ, हमें सबकी सेवा करनी है
हम वैद्य होंगे, रोग निवारक होंगे,
हमारा कोई शत्रु नहीं है
हमारा शत्रु सिर्फ़ रोग है, बीमारी है
और यह रोग विचार भी है, सोच भी है
एक व्यवस्था भी रोग होता है
हमें सबसे पहले रोग की पहचान करनी है"

बिरसी (शिष्या)–
"रोगी कौन है...?

रोग कैसे होता है...?
चुड़ैल रोग फैलाती हैं
या डायन रोग फैलाते हैं...?
हमें इन बातों में विश्वास नहीं होता है
यह ओझाओं का ढोंग है
अपने लिए मुर्गा और बकरा जुगाड़ने का धन्धा है
इनके मंतर और झाड़-फूँक कष्टदायी होते हैं''

डोडे वैद्य–
''हाँ बिरसी!
चुड़ैल और डायन लोगों की कल्पना है
यह भी सत्ता के वर्चस्व का साधन है
उत्पीड़न का कारक
सम्पत्ति लालसा का प्रतिबिम्ब
यह संकेत है
आदिवासी दुनिया में
सत्ताओं के उदय का
पुरखों के गणतन्त्र के ख़िलाफ़ प्रभुता का,

यह संकेत है
अमानवीय शक्तियों के गठबन्धन का,
चानर-बानर के शुक्राणु
उलट्बग्घा के शुक्राणु यहीं से जन्म लेते हैं
यहीं अभिक्रिया होती है आदमी और बाघ की
जो सबसे ज़्यादा भयावह और अप्राकृतिक होता है''

बिरसी–
''हाँ, मैंने सपने में देखा था
रीडा आबा मुझे
उसी तरह के बाघ की बात बता रहे थे
उन्होंने कहा था
कि आपसे हमें और भी ज्ञान मिलेगा
उन्होंने यह भी कहा था

आदमी ही बाघ बनते हैं''

डोडे वैद्य
''हाँ बिरसी!
प्राकृतिक रोग का इलाज सहज है
मनुष्य निर्मित रोग का इलाज कठिन है
उसका रोग
उसकी व्यवस्था के रूप में प्रतिबिम्बित होता है,

हमारे अन्दर रोग
केवल प्राकृतिक नहीं है
कई बार हमारे मुण्डाओं
मानकियों और
पहान जैसे पदधारियों ने भी
अप्राकृत बाघों के साथ अभिक्रिया कर
मदरा मुण्डा और
हीरा राजा के गणतन्त्र के विरुद्ध आचरण किया है
और एक ही गण के अन्दर
एक मुण्डा के यहाँ अलग व्यवस्था बना दी गयी
और दूसरे मुण्डा के यहाँ अलग
हमने उसे एक रोग के रूप में चिह्नित किया है''

जोना–
''रिसा मुण्डा और मदरा मुण्डा के
गणतन्त्र के विरुद्ध
हमारे ही परवर्ती कुछ मुण्डाओं ने भी आचरण किया है
यानी, गणतन्त्र के विरुद्ध आचरण भी बाघपन है...?
बीमारी है, रोग है...?''

डोडे–
''हाँ, लेकिन रोग या रोगी की पहचान
केवल उसके बाहरी लक्षण से ही सम्भव नहीं है

गणतन्त्र यदि एक आवरण मात्र है
और उसके अन्दर उसके अस्थि-मज्जों का अभाव है
तो वह धोखा है, ढोंग है
हमारे पुरखों ने अपने अस्थि-मज्जों से उसकी संरचना की है
लेकिन हमारे ही मुण्डाओं ने
हमारे ही प्रतिनिधियों ने
उसको खोखला कर
आवरण मात्र रहने दिया है,

हमारे गणतन्त्र के आधार गीत हैं
गीत ही मंतर है
रोग निवारक प्रमुख औषधि हैं
गीतों का ह्रास गणतन्त्र का ह्रास है
गीत रहित गणतन्त्र प्रभुओं की व्यवस्था है
प्रभुताओं के ख़िलाफ़
मैं तुम्हें मंतर दूँगा, गीत सौंपूँगा
वही होगा रोगों से मुक्ति का आधार,

यह गीत, यह मंतर
रोग के कारण से
संवाद का एक माध्यम है
ठीक वैसे ही जैसे
पेड़ से गिरे मरीज़ को
जड़ी-बूटी देने से पहले
उस पेड़ से संवाद स्थापित करते हैं कि
वह हमें क्षमा करे हमारी अमर्यादा के लिए

यह मंतर गीत है, स्वछन्द है
दृश्य-अदृश्य, बोले-अबोले प्रकृति का
संवाद है अपने सभी सहजीवियों से''

सहमति में सात जनों के सिर

अपनी-अपनी स्वाभाविक मुद्राओं में हिले
वे अपनी मुद्राओं को स्वर देते हैं
'हाँ, हमें संवाद के
सभी तरीक़ों से अवगत होना है
संवाद के बिना
गीतों के बिना
हम कोई ठोस व्यवस्था नहीं बना सकते'

एक गहन शान्ति के बाद
डोडे वैद्य ने फिर कहा–
"सुनो!
आज बंदई की अमावस्या है
'गुलामी की साज़िश
और मुक्ति की योजना भी है'
आज का त्योहार
हमारे सहजीवियों के लिए है
मवेशियों के लिए है
यह उनकी सेवा का अवसर है
उनसे संवाद को प्रगाढ़ करना है"

सात जनों में से
एक की प्रश्नवाचक मुद्रा उभरी–
"यह संवाद
कैसे प्रगाढ़ होता है?"

डोडे–
"संवाद की नियमित प्रक्रिया होती है
उस प्रक्रिया से गुजरे बिना
हमें अजनबीपन का बोध होता है

हमने अपने सहजीवियों के
सम्मान में उपवास किया

ताकि वे हमारी आँखों से ही
समझ सकें हमारी भावना
और उनकी भावना में उतर आये अस्पर्श नमी
हमने उन्हें नहलाया
कुजरी तेल से तेलाया
उड़द, चावल, नमक की टीप दी
उन्हें धन्यवाद कहा कि
उन्होंने हर बार की भाँति
इस बार भी हमारी खेती सम्पन्न की
वे हमारे बच्चों की आँखों की हँसी हैं
हमारे पुरखों की शान्ति के कारक
हमने उन्हें हँड़िया, सिन्दूर अर्पित किया
हमने उनके पुरखों को स्मरण किया कि
उन्होंने ही हमें घने जंगलों के बीच
जीवन का सहारा दिया
वे हमारे टोटेम हैं, हमारे रक्षक,
हमने स्मरण किया 'टूंटा साईल काचा बियर' को
कि उन्होंने आदिम दिनों में
हमारे जीवन का जोख़िम भरा रास्ता साफ़ किया

फिर पूरे गाँव के सहजीवियों को
अखड़ा में एकत्रित किया
और उनके साथ मांदर, नगाड़े, गीत साझा किये
"हिर रे, हिर रे, तोतो नोनो
हिर रे, हिर रे, तोतो नोनो
आज तुमसे काम नहीं लेंगे
आज तुम्हारी सेवा करेंगे
तुम्हारी इच्छाशक्ति से ही
तुम्हारी लगन से ही
इस जीवन को हमने सँवारा
इस देश को हमने सोना बनाया
हिर रे, हिर रे, घुर रे, हुर्र रे

छगरी रे, गारू रे, काड़ा रे''

(सभी शिष्य सामूहिक स्वर देते हैं।)

फिर और एक मुद्रा प्रश्नवाचक हुई–
'गीत क्यों ज़रूरी होते हैं?'

बिरसी–
'संवाद और सम्मान के लिए'

डोडे–
''संवाद और सम्मान
सहजीविता के लिए अनिवार्य शर्त है
जंगलों से, नदियों से
पेड़ों से, जुगनुओं से, तितलियों से
दृश्य-अदृश्य, बोले-अबोले प्रकृति से
विश्व कल्याण के लिए,

श्रम की लय और
सम्पूर्ण जीवन की लय की एका से ही
सहजीविता सम्भव होती है
श्रम का शोषण
इस लय को तोड़ता है
इसी लय को गूँथते हैं गीत
गीत ही हमारे मंतर हैं
यह कोई आदेश नहीं है
कोई फ़तवा नहीं है
स्त्री-पुरुष, बच्चे-बूढ़े
इसके सब समान अधिकारी हैं
वंचित जनों का प्राण है यह''

जितनी–

''गीत हमारे रोग निवारण की औषधि है
इस औषधि की जड़ अखड़ा है
अवसाद निवारक जड़ी, अकेलेपन की बूटी...?''

डोडे–
''हाँ, यह रोग निवारण की औषधि है
इस औषधि की जड़ केवल अखड़ा नहीं रही है
हमारा सम्पूर्ण गणतन्त्र इसकी जड़ी है
गितिः ओड़ाः, धुमकुड़िया, घोटुल
पड़हा, पंचायत, सरना, मदाईत,
इसके मज़बूत खूँटे हैं
जिसने हमारी दुनिया को चट्टान की तरह बाँधे रखा
श्रम के शोषण का प्रतिपक्ष
और सत्ताओं के लिए कड़वा घूँट
जब-जब गीत टूटे हैं
सत्ताओं के विषाणु पनपे हैं''

रुसू (शिष्य)–
'यह हमारी प्रकृति में ही मौजूद है
उसी में हैं इसके तन्तु'

डोडे–
''हाँ, मूल तो प्रकृति ही है
वर्तमान दम्भी विज्ञान का उत्स भी
सभी उत्पादित वस्तुओं का सोता भी,
आह...लेकिन उसी प्रकृति का आज इतना अपमान है!
जड़ें, छाल, पत्ते, फल, पत्थर, बीज, लतर
सभी जीवन की औषधि हैं
प्रकृति अंगी है, हम अंग हैं
उसका ही सम्मान हमारा धर्म है
उसकी रक्षा हमारा कर्तव्य

यही है आदिवासियत का आधार
और यही आधार है सम्पूर्ण सृष्टि के जीवन का,

ज़रा सोचो!
वह पहाड़ जिसकी पूजा से बसन्त खिल उठता है
यदि उसे दफ़ना दिया जाय तो
सूरज क्यों न अपनी दिशा खो दे?
सूरज क्यों न क्रोधित हो जाय?
यदि उसकी उस सीढ़ी को उसके
रास्ते से हटा दिया जाय तो
क्यों न वह आग उगलेगा?

सहजीविता की समझ ही ज्ञान है
संवेदनाओं, अनुभूतियों की पहचान ही ज्ञान है
ज्ञान प्रतिस्पर्धा नहीं प्रेम सिखाता है
प्रकृति और मनुष्य
मनुष्य और प्रकृति की सहजीविता
समूह में सम्भव है
इसे सींचना पड़ता है
अब यह तुम सबका दायित्व है कि
इसका बीजारोपण आगामी पीढ़ी में करो,

ज्यों-ज्यों इसके बीज
अंकुरित होंगे, पुष्पित होंगे, फलित होंगे
त्यों-त्यों बाघ पर अंकुश लगेगा
और तब ही रोग निवारण के लिए
औषधियों का अस्तित्व रहेगा
उसी के अस्तित्व से नियन्त्रित होंगे प्राकृत-अप्राकृत बाघ''

डोडे की बातों से
सातों जनों के मन में लहर उठती
वे सोचते, गुनते, मथते

सामने मिट्टी का दीया
हवा के झोंकों से हिलता-डुलता
कभी बुझने को होता
कभी अचानक ही उसकी लौ दहक उठती
वैद्य मंतर कहते जाते और
परीक्षार्थियों के चेहरे की भंगिमा को भी परखते जाते
डोडे वैद्य के मन में बेचैनी पैदा हो रही थी–
''क्या सातों जन सफल होंगे
या फिर कोई एक-दो ही
उसके ज्ञान को ग्रहण कर सकेंगे?
आजीवन साधना का परिणाम
निजी सफलताओं में नहीं
आगामी पीढ़ी की सफलताओं से सिद्ध होता है
तो क्या उनके जीवन की साध अधूरी रह जायेगी?
एक साथ सात जनों की सफलता की साध
जो अब तक सम्भव नहीं हुआ है उनके गुड़ी की दुनिया में?''

परिस्थितियों की प्रस्तुति
और उसके सन्दर्भों की व्याख्या कर
गुड़ी परीक्षा के लिए आवश्यक निर्देश देते हुए
डोडे वैद्य ने फिर कहना शुरू किया–

''घनी काली रात
इतनी काली कि
सामने कोई भी दिख न रहा हो
केवल प्रतीति हो किसी आकृति के उभरने की
मिथ्या और भ्रम उत्पन्न करने वाली
ऐसी ही काली अँधेरी रात में उभरती
आकृतियों को पहचानने की परीक्षा है यह,

लोगों के व्यवहार के अतिरिक्त
जीवन अनुभवों के साथ

इतिहास, दर्शन और विज्ञान की पड़ताल से ही
आदमी को आदमी और
बाघ को बाघ के रूप में
पहचानने की क्षमता आती है,
हमारे लिए रात का आशय
'पहर' के रात भर से नहीं है
बल्कि दिन के उजालों में फैले
जन के विरुद्ध संस्थागत कृत्यों से है
ठीक वैसे ही जैसे
रोग का आशय सिर्फ़
दैहिक-मानसिक रोग से नहीं
बल्कि व्यवस्था रूपायित रोग से भी है,
यही विचार गितिः ओड़ाः, धुमकुड़िया, घोटुल
और पड़हा के गणतन्त्र का विस्तार करेगा
सहधर्मियों को अपने संघर्ष में
शामिल होने का अवसर देगा
अँधेरे के साम्राज्य के समूल नाश के लिए
सहधर्मियों के संघर्ष का साथ होना ज़रूरी है''

उनके सामने धुँअन की महक उड़ती रही
उसके नशे में वहाँ प्रकृति भी धीरे-धीरे
मदहोश होने लगी थी
कुछ पल आँखों को और गम्भीरता से मींचते हुए डोडे ने कहा–
''जैसे 'अहद् सिंग' को लाँघने के बाद
मनुष्य घर का रास्ता भूल
नदी, पहाड़, जंगलों में
वर्तमान से इतर यथार्थ की दुनिया में पहुँच जाता है
वैसे ही तुम भी पहुँचोगे
अपने वर्तमान देश, काल, परिवेश से इतर
अपने ही जीवन से सम्बद्ध यथार्थ में,
सब कुछ असामान्य प्रतीत होगा
लेकिन वह सामान्य ही होगा

कई बार तुम्हें अपने ही जीवन की प्रतीति होगी
कई बार अपने दुनियावी अनुभव से परे जीवन की प्रतीति होगी
किन्तु वह सत्य और यथार्थ ही होगा
ज्ञान का नया अनुभव होगा
भले ही वह कभी भी जीवन के अनुभव में न रहा हो
जो सत्य तो होगा किन्तु अविश्वसनीय भी प्रतीत होगा
यहीं से तुम्हें मिलेगी
रोग के कारक और निवारक को पहचानने की शक्ति,

और जब तुम लौटोगे
उस अवास्तविक-वास्तविक दुनिया से, तो होगी
नयी सुबह, नयी दिशाएँ, और नया जीवन
तुम सात जन होगे सात जीवन
सात अनुभव, सात ज्ञान,
लेकिन तब तक रास्ते में होंगे
जहरीले साँप, कीड़े-कॉकरोच
रेत, दलदल, तूफ़ान, विस्फोट
और भयावाह परिस्थितियाँ
तुम्हें इन सबसे लड़ना ही होगा''

अब मैं यह लाठी धरता हूँ
मंतर शुरू करता हूँ
मंतर नहीं, यह गीत गाता हूँ–

''तन मन जन को
घेरे हैं ज़हरीले फन
पेड़, पहाड़, तितली, जुगनू
सभी सहजीवी होंगे मृत
या होंगे अधिकृत
रात शशिधर, जब होगी विषधर
सुनो सपेरे स्याह सवेरे
कैसे तोड़ोगे विष के घेरे

सात जनों की सात कथा
रहेगी तब तक यही व्यथा
तन की, मन की, जन की''

अरे, यह क्या?
मंतर का असर होता है
नहीं गीत ही जीवन में घुलता है
जीवन रूपायित होता है गीत में
और तब ......!!!

देखो, पहला ध्यानस्थ देखता है—
''नृतत्त्वशास्त्री खुदाई में हड्डियों की
क़िस्मों को अलग कर रहे हैं
वे एक ख़ास क़िस्म के
हड्डी की तरफ़ संकेत करते हुए
कहते हैं कि इनकी प्रजाति एक ही है
एक ही मूल के हैं ये
कोल, भील, मुण्डा, संथाल, गोंड, खेरवार
बैगा, मुड़िया, कोंड, कोया, पहाड़िया,
ऐसे ही और भी सभी,
जिनका एक ही सहजीवी दर्शन रहा है''

एक नृतत्त्वशास्त्री कहता है कि
जब घुमन्तू ग्रह की ठोकर लगी थी जबरदस्त
ये टुकड़ों में बिखर गये
सभी दिशाओं में, सभी भौगोलिक कोनों में,
वह ग्रह टूटा नहीं बल्कि
वह उनकी ही ज़मीन पर गिरा
और उनके आधे से अधिक
ज़मीन पर जबरन क़ाबिज़ हो गया
अब ज़मीन के लिए संघर्ष शुरू हुआ
और इसके साथ ही शुरू हुआ

दानवों का जन्म और हवन का उत्सव
उस ग्रह के लोग जितना
अपने जीतने का दावा करते
उतना ही देवताओं और दानवों का जन्म होता गया,

उस नृतत्त्वशास्त्री के पास
एक युवा शोधार्थी आता है और कहता है
'नहीं रहे अब सब एक-से
एक-सा नहीं रहा उनका सहजीवी दर्शन
धर्म में, नस्ल में, रंग में बाँट दिये गये हैं ये
ये ही नहीं, पूरी मनुष्यता ही बँटी है धरती पर'

ज्यों-ज्यों उस ग्रह का प्रभुत्व बढ़ता गया
वे अपना मूल उत्स भूलते चले गये
उनमें से कुछ उसके पंजों में फँसे रह गये
कुछ अलग दूर उनसे लगातार संघर्ष करते रहे
उनका यह संघर्ष आज भी जारी है

उस ग्रह के पंजे में फँसे लोग
मनुष्य होकर भी पशुता-से प्रताड़ित हैं
उससे बाहर के लोग
अपने 'मनुष्य होने' के दावे के साथ
उनके पंजों से बचने के लिए लड़ रहे हैं
दोनों की अस्मिता पर प्रश्न चिह्न है
दोनों का अस्तित्व संकट ग्रस्त है
आज उस प्रभु ग्रह की जीभ
उनकी पूरी ज़मीन को
ग्रस लेने की असीमित लालसा में है
जहाँ उनकी भाषा है, इतिहास है, दर्शन है

और वह ध्यानस्थ देखता है
उस ग्रह की जगह एक आदमख़ोर बाघ

उसी की तरफ़ अपनी जीभ लपलपाता है
वह ध्यानस्थ आदमख़ोर के जबड़े में फँसे
अपने लोगों को निकालने के लिए हाथ डालता है
लेकिन उसका हाथ बाजुओं तक जबड़े में फँस जाता है
वह मदद के लिए पुकारता है
और अब उसी प्रभु ग्रह के कुछ न्यायी जन
उसकी मदद के लिए आवाज़ उठाते हैं
वह उन आवाज़ों को अपने में मिला लेना चाहता है
आवाज़ उसकी तरफ़ बढ़ती है—
'जनवाद! जनवाद! जनवाद!'
'जन-संस्कृति!'
'जन-संस्कृति!'
'जन-संस्कृति!'
और संकल्पबद्ध वैश्विक स्वर एक साथ गूँज उठता है।

दूसरी ध्यानस्थ है—

"अरे! मैं यहाँ कहाँ पहुँची हूँ
सम्भ्रान्त कलात्मक नक़्क़ाशी के साथ
सड़कें, चौराहे, गोलम्बर सब सजे हैं
दिन में भी बिजली की रोशनी
दीवारों पर हँसते-मुस्कुराते
दमकते हुए विज्ञापन हैं
वाह! कितना आकर्षक है!
वाह! कितना विकास है!
ओह! लेकिन यह किसके चीख़ने की आवाज़ है?
दिन का उजाला है, मौसम खुशनुमा है
ऐसे में तो गीत उच्चरित होने चाहिए
लेकिन यह चीख़ क्यों?

मैं लोगों के पास जाकर
चीख़ के बारे में पूछती हूँ

आश्चर्य! मेरी छुअन से
वे कछुआ हो गये...

मेरा रोमांच अचानक भय में बदलने लगा है
चीख़ मेरे सामने और सामने आने लगी है
लेकिन यह क्या चीख़ मेरे ही कानों को सुनायी दे रही है?
लोगों के कलात्मक खिड़की-दरवाज़े इत्मिनान से बन्द हैं?

अरे यह क्या?
मैं ही गलियों में अब दौड़ रही हूँ, भाग रही हूँ
अरे नहीं, मैं कहीं नहीं दौड़ रही, कहीं नहीं भाग रही
दरअसल मेरे अन्दर सिनगी दई का ख़ून दौड़ रहा है
फूलो, मकी, झानो का ख़ून दौड़ रहा है
मेरे अन्दर मेरी ही माँ-दादी का ख़ून दौड़ रहा है
और मैं तड़पती हूँ
इस द्वन्द्व से बाहर निकलने के लिए

मैं दिन में पहुँचती हूँ
एक अँधेरी गली में—
'अरे यह क्या...?
यह तो किसी युवती की लाश है?'
निरीक्षण करती हूँ आस-पास
लोगों की कलात्मक खिड़कियाँ हैं
नक़्क़ाशीदार दरवाज़े हैं
कलाओं का उत्सव है
वहीं हैं एक ओर सफ़ेद विज्ञापन
और स्त्री-प्रताड़ना के क़ानून
इन सबके बीच मुझे दिखायी देती है
एक जीवित स्त्री की मटमैली आकृति
जिसके हाथ में हथौड़ा है, छेनी है,
हँसुआ है, चूल्हा है, चौकी है,
लेकिन उसके मूल्य का निर्धारण करता हुआ

वहीं पास में धुआँ उड़ाता एक पुरुष है,

मैं युवती की लाश पर झुकती हूँ
उसे गोद में उठाती हूँ
लेकिन अरे यह क्या...?
यह तो कोई समकालीन पत्रिका है?
उसके आवरण पृष्ठ पर
एक गर्भवती स्त्री की नंगी तस्वीर छपी है
जिसके गर्भ में दो भ्रूण हैं
एक में बच्चा है, दूसरे में बच्ची है
बच्चे के सिरहाने पर ताज़े फूल रखे हैं
और बच्ची के सिरहाने पर
सफ़ेद कपड़ों से लिपटा एक ताबूत रखा है,

और उसके अन्दर के पृष्ठ पर
एक कोंदरेड्डी महिला की तस्वीर के साथ
विमर्श का विषय चस्पां है
'बलात्कार शब्द की व्युत्पत्ति'
और किसी ने अपना पक्ष रखा है—
'कम कपड़े पहनने के बावजूद
आदिवासी समाज की भाषाओं में
उनका मूल शब्द 'बलात्कार' नहीं है'
पत्रिका में कामुकता, कुण्ठा,
अवसाद और निराशा की शब्दावलियाँ
घोटुल, गितिः ओड़ाः,
और धुमकुड़िया के शब्दों के सामने
बौनी और अपाहिज प्रतीत हो रही हैं,

पत्रिका से नज़र हटते ही देखती हूँ
लोगों की भीड़ मुझे घूर रही है
मैं घबराकर आदमक़द आईने के पास जाती हूँ
मैंने देखा मेरा रूप विचित्र हो चुका था

मेरी कलाई में चूड़ियों की जगह
बैंक चेक, और ड्राफ्ट थे
कान की बालियों की जगह रंगीन चलचित्र थे
और जूड़े में फूल की जगह
'फेयर लोशन' के विज्ञापन झूल रहे थे
मेरी पूरी देह असीमित वस्तुओं की सूची से भरी थी
मुझे अपनी देह विज्ञापन की होर्डिंग लग रही थी
तभी किसी ने मुझसे कहा–
'अब तुम आदिवासी स्त्री नहीं हो
और यहाँ आकर
तुम्हारा समाज भी अब आदिवासी नहीं रहा'
मैं उस आदमी को नहीं देख सकी
लेकिन सामने केवल एक शब्द
हवा में जड़हीन तैर रहा था–'आदिवासी',

मैंने ग़ौर से खुद को देखा
सचमुच मैं कोंडरेड्डी स्त्री नहीं थी
और मैं जहाँ थी
वह कोंडों की दुनिया नहीं थी
नहीं थे वे पहाड़
जिसके पूर्वज होने के नाते
कोंड 'पहाड़ों' के राजा कहलाये
नहीं थीं वे नदियाँ
जिसका जल लेकर कोंड स्त्रियाँ
हल जोतने से पहले
अपने असमय मृत बच्चों का
आह्वान करती थीं
बीज बनकर अवतरित होने के लिए,

मैं बेचैन हो उठी
मेरी अस्मिता क्या है
क्या मैं कोंड रेड्डी स्त्री नहीं हूँ

या, वह सम्भावित स्त्री हूँ
जिसकी हत्या उस चौराहे पर हुई है
उफ़!!...यह द्वन्द्व
मुझे हत्या या आत्महत्या के रास्ते पर ले जाएगा''

तीसरा ध्यानस्थ देखता है–
''अहा! क्या सुन्दरता है!
इतने रंगों का गतिमान समायोजन
इन्द्रधनुष चला आ रहा हो
जैसे उसी की ओर
आसमान से उतर कर धरती पर!!

उनके माथे पर
रंग-बिरंगे पक्षियों के पंख सजे हैं
पंख ही मुकुट हैं उनके
पूरा समूह बढ़ा आ रहा है उसकी ओर

पहचानता है उन्हें वह
'रेड इंडियंस अबूझमाड़ में
इन्द्रावती का पानी पी रहे हैं
और उन्हें गोरे सैनिकों ने
इस चेतावनी के साथ घेर लिया है कि
पानी की नीलामी देशहित में हो चुकी है
अब वे और उनके घोड़े
बिना अनुमति के
बिना कीमत अदायगी के
पानी नहीं पी सकते हैं
ऐसा करना अपराध है'

चौथे ध्यानस्थ ने सुने
चेतावनी भरे आज्ञावाचक शब्द–
'शूद्र'! 'नीच'!

तुम्हारी यह हिम्मत
कि तुम धर्म की नीतियों का उल्लंघन करोगे?
हम इस मन्दिर के पुजारी हैं
सदियों से वंशानुगत
हमारे पुरखे इसके पुजारी रहे हैं
और तुम कह रहे हो
कि यहाँ पहले तुम्हारा गाँव था?

उतनी ही अवमानना के साथ
दूसरी ओर से आवाज़ गूँजी–
'शूद्र!'
कौन मुझे कहता है?
मैं भील हूँ, लड़ाकू योद्धा भील,
हमने आज तक किसी की ग़ुलामी नहीं की है
सुनो ब्राह्मण पुजारी!
हम तुम्हारी वर्ण-व्यवस्था से बाहर हैं
देखो, मेरी मज़बूत भुजाओं को
इन्हीं भुजाओं ने
तुम्हारे पुरुषोत्तम का उद्धार किया था
हमें कोल कहो, किरात कहो,
लेकिन 'शूद्र'...???
कोई किसे कैसे शूद्र कह सकता है?
तुम मुझे अपनी साज़िश में फँसा नहीं सकते"

अवमानना से
अनगिनत वर्षों की अवैध विरासत
अचानक हिल उठी थी
पुजारी ने श्राप के शब्दों के साथ
कमण्डल से पानी निकाल कर उसकी ओर फेंका
और तब सूरज दो टुकड़ों में बँट कर
आग का गोला हो गया
जो हुकनू की आँखों में भी उतर आया

अब तक की बची उसके पुरखों की विरासत
गीतों में तनी धनुष थी
वही था उसका प्रत्युत्तर

तब पुजारी ने क़लम उठाया
और हुकनू का तीर पिघल कर
उसकी पोथी में समा गया

पुजारी ने मन्त्रोच्चार करना शुरू कर दिया
उसके मन्त्र से पैदा होने लगे
हनुमान, बन्दर, रीछ,
गिद्ध, साँप, नाग
दैत्य, दानव सब
और दौड़ पड़े हुकनू की ओर
पुजारी ने ऊँची आवाज़ में कहा—
यही है तुम्हारा कुल
यही हैं तुम्हारे वंशज-पुरखे
महिषासुर, गयासुर,

हुकनू ने फिर तरकश चढ़ाया
लेकिन इस बार
उसके ही लोग उसकी ओर दौड़ पड़े

हुकनू ने ऊँची आवाज़ में कहा—
"हम राक्षस कुल के नहीं हैं
दैत्य-दानव, बन्दर, रीछ नहीं हैं
हम मनुष्य हैं
और हमारा सम्मानित इतिहास है"

उसकी दूसरी ओर से
फिर आवाज़ आयी
"राम ही सबके पूर्वज हैं

राम के ही सब वंशज हैं
राम नाम ही सत्य है
राम का मान हमारा मान है''

उसी आवाज़ में हुकनू ने भी कहा–
''हमारे पूर्वज राम से
पहले के बाशिन्दे हैं
और हमारी वंशावली
केवल पैतृक नहीं है''

और तब तक
हुकनू को उसके ही लोग घेर चुके थे
उसने देखा
सब उसके ही भाई हैं
बहन हैं, चचेरे हैं, ममेरे हैं
उनके हाथों में झण्डा है
तलवार है, लाठी है, विस्फोटक है
उनमें केवल शोर है,
लेकिन इसी बीच उन्हीं लोगों में से
दूर कहीं से
और दूसरी मद्धिम आवाज़ भी सुनायी देने लगी
'हम मसीही हैं
हम बौद्ध हैं
हम इस्लाम हैं
हम...हैं'
और तब कहीं नहीं रह गयी थी हुकनू की मूल आवाज़।

हुकनू ने देखा
जहाँ ब्राह्मण पुजारी था
वहाँ केवल एक दार्शनिक परछाईं थी
जो लगातार
विजयी अट्टहास कर रही थी।

पाँचवें से ढेचुवा पक्षी ने कहा—
'मैं गयी थी उन्हें मना करने
कि वे रात-दिन भट्ठा न जलायें
चिमनी से इतना ताप न उगलें
बर्फ़ पिघल रही है
जल स्तर बढ़ रहा है
विनाश होगा
मनुष्य के कृत्यों का फल
निर्दोष सहचरों को भी भोगना होगा'

और वे हँसते रहे, मुझे दुत्कारते रहे
कहा—
'तुम असभ्य, जंगली,
हमें सिखाते हो
क्यों मानें तुम्हारी बात?
क्या है तुम्हारी औकात?'
और वे मिसाइल और युद्धक विमान सजाते रहे,

वह यूरेनियम जादूगोड़ा का ही था
वही लोग थे, वही ज़मीन थी
कोई लूला हो गया था
कोई लँगड़ा हो गया था
मनुष्यता ही विकलांग हो रही थी
हमले से पूर्व
मनुष्य ने मनुष्य को तोड़ा था
हिरोशिमा-नागासाकी के बाद
फिर से किसी ने बम फोड़ा था
कहीं ईराक था, कहीं अफ़ग़ानिस्तान था
कहीं इस्रायल था, कहीं फिलिस्तीन था
कहीं सीरिया था, कहीं कश्मीर था
कहीं चीन था, कहीं तिब्बत था
ब्रह्माण्ड में मनुष्यों का एक ही मानचित्र था

और मानचित्र पर एक ही हमलावर था
एक ही बाज़ार था, एक ही पूँजी थी
वही युद्ध की कुंजी थी,

कुछ पल मौन रही
आँखें उसकी नम रहीं
फिर ढेचुवा ने कहा
'सोसोबोंगा का नया संस्करण ऐसा ही होगा
लुटकुम हड़म लुटकुम बुढ़िया तुम ही होगी'

कहकर ढेचुवा उड़ गयी।

छठे ने देखा—
उगता हुआ भोर का सूरज
उसकी आँखों में लोहे की बेड़ियाँ थीं
देह के चारों ओर सलाखें थीं
और उसके आस-पास मँडरा रहे थे गुप्तचर
वह सूरज पहले एक बच्चा था।

उसने सिर्फ़ इतना ही कहा था—
'क़ुतुबमीनार, ताजमहल, खजुराहो के सौन्दर्य की नींव
मेहनत और पसीने के शोषण का प्रतिफलन है,
कवि! तुम वहाँ देखो
जहाँ कारीगर की
इतनी अधिक घिसी हुई खुरदुरी हथेली है कि
वह अपने बच्चों और पत्नी को
अपनी ही कला उपहार में नहीं दे सकता,
जहाँ एक किसान है, मज़दूर है,
हल की मूठ है, मिट्टी है और मुट्ठी भी'

उस बच्चे ने बना दिया था
खेल-खेल में मिट्टी की जीवन्त मूर्ति

जिसमें उसकी माँ का सख्त चेहरा था
जो रोज़ दूसरों के खेत में काम कर लौटती थी
और एक दिन
जब वह हमेशा के लिए नहीं लौटी
तो उसे किसी बुजुर्ग ने
चुपके से सुना दिया था
उसकी अग्नि परीक्षा की कहानी

तब से माना जाता है कि
रात में उभरने वाली विद्रोही आकृतियाँ
उसी बच्चे की मिट्टी से बनी हैं,

ध्यानस्थ चौंकी–
'अरे! यह तो नहीं है
आदिवासी जन
फिर भी है सत्ता से उद्विग्न।'

अन्तिम शोधार्थी थी
सुगना मुण्डा की बेटी,
अरे! वह तो
उन छह कथाओं में स्वंय ही शामिल है,
साथ ही उसने देखा यह भी दृश्य
जो उनमें कहीं नहीं था
न ही औरों ने उसे देखा–
पड़हा सभा में
बैठे हैं
अपने-अपने गोत्र के राजा
और स्त्री-पुरुष सभी जन
बहस गरम है
पक्ष-प्रतिपक्ष अपने-अपने दावे के साथ हैं,

लड़की ने कहा–

'मुझे अपने माँ-पिता की
सम्पत्ति का पूरा हिस्सा चाहिए'

अधेड़ पुरुष ने प्रतिपक्ष से कहा—
'मैंने उसके माँ-पिता की मौत के बाद
इस लड़की का लालन-पालन किया है
वैसे भी वह ज़मीन मेरे पिता की है
इसलिए उसे मैं ही जोतूँगा
मेरा हक़ है यह'

उनके गोत्र के राजा ने
अपने अनुभव के पके बालों
को एक बार सहलाकर महिलाओं की तरफ़ देखा
महिलाओं ने कहा—
'यह ग़लत है जैतू
मुण्डा बेटी को अपने माँ-पिता की
सम्पत्ति पर पूरा हक़ है
यह बच्ची जो चाहेगी
पड़हा का फ़ैसला वही होगा'

फिर सफ़ेद बाल के अनुभवी ने कहा—
''तुम जो बार-बार काग़ज़
लहरा कर अपना दावा जता रहे हो
वह 'कम्पनी तेलेंगा' लोगों का बनाया हुआ है
उनके लिए बेटियों का मान कुछ भी नहीं था
इसलिए उन्होंने काग़ज़ में नहीं लिखा अपनी बेटियों का नाम
ज़मीन और सम्पत्ति के हक़दार बेटे ही बनाये जाते रहे
मुण्डा अपनी बेटियों का मान रखते हैं
पड़हा उस काग़ज़ को नहीं मानती
जिस पर बेटियों का कोई हक़ उद्धृत नहीं है,

और तुमने जो कहा कि

कुछ इलाके के मुण्डा ऐसा नहीं करते
तो हम यह भी जानते हैं कि
कुछ मुण्डाओं का व्यवहार अब दिकुओं जैसा है
वैसे ही वे अपने रीति-विधान को मोड़ रहे हैं
हमारा पड़हा यह नहीं स्वीकार कर सकता है'

और सभा ने रखा समाज के सामने विकल्प
कि यह बच्ची जब तक नाबालिग़ है
उसकी देखरेख के लिए
वह स्वयं समाज से किसी का चयन करेगी
या, वह स्वयं सक्षम है तो स्वतन्त्र रहेगी,

और जब तक उसकी शादी नहीं हो जाती
तब तक सारी सम्पत्ति उसकी होगी
उसके विवाह के बा़द
सब कुछ समाज में हस्तान्तरित हो जायेगा,

और यदि वह अविवाहित रहना चाहती है
तो उम्र भर वह सम्पत्ति की अधिकारिणी है
मृत्यु उपरान्त सब कुछ समाज में हस्तान्तरित हो जायेगा
अब बिटिया मुर्मू की कथा कहीं नहीं दोहरायी जायेगी
स्त्रियों के विरुद्ध सत्ताओं का उदय घातक है"

सभा के फ़ैसले पर सबकी सहमति हुई
सबने जदुर गाया, जदुर नाचा
जैतू की आँखों में केवल रोष था
आँखें लाल हो रही थीं
नाखून पैने हो रहे थे
और दाँत नुकीले
वह बाघ हो रहा था
वह उलटबग्घा बन रहा था।

बिरसी ने देखा
संयुक्त सात कथा, सात जीवन
तो क्या वह 'गोमके' होगी?
डोडे वैद्य ने कहा था–
'सात कथा, सात जीवन का साक्षी
होगा अगुआ, होगी नेत्री'

अपनी-अपनी यात्रा पूरी कर
लौट चुके थे परीक्षार्थी सब
डोडे वैद्य का
अन्तिम विश्लेषण बाक़ी था अब।

3.

परीक्षार्थी परीक्षा पूरी कर चुके थे
शोधार्थी ज्ञान शोध चुके थे
हतप्रभ थे डोडे वैद्य
कि कैसे सातों जन सफल हुए
सात कथा, सात जीवन
उनके जीवन के अन्तिम चरण में फलित हुआ
अब से पहले होते थे दो या तीन जन ही सफल
बाक़ी लौट आते थे परीक्षा छोड़कर
कि उनसे सध नहीं सकता इतना कठिन जीवन
डोडे वैद्य की अँगुलियाँ
अपनी सफ़ेद दाढ़ियों को फेर रही थीं
आश्चर्य और अविश्वास था बार-बार,

वे परीक्षकों को देखते
आँखें बन्द करते
पुरखों का स्मरण करते
खूट से बतियाते
फिर भी दुश्चिन्ता वृद्ध देह को कँपा जाती थी—
'सात कथा, सात जीवन का प्रतिफल!
क्या कोई महामारी का संकेत है?
या, कोई अकाल होगा?
या, आदमख़ोर होगा भयावह और हिंसक...?
जो भी हो

सात कथा, सात जीवन निर्णायक होगा
अस्मिता का उत्कर्ष होगा
या, उसके पुरातत्त्व का
आगामी इतिहास परिचायक होगा'

सात कथा और सात जीवन के साथ
सातों जन डोडे वैद्य के सामने प्रत्यक्ष थे
रोग के कारक और निदान का
उसने शुरू किया विश्लेषण, कहा–
''सात कथा, सात जीवन अभिन्न हैं
सूत्र एक-दूसरे के गुँथे हैं आपस में
एक के बिना दूसरे का अस्तित्व सम्भव नहीं है
गुरुत्वाकर्षण का केन्द्र एक ही है–
श्रम और उत्पादन पर नियन्त्रण,
श्रम की सामूहिकता
और सहजीविता के तिरस्कार ने
जन्मे हैं महामारी और कुप्रथा
ज्यों-ज्यों बढ़ी है अतिरिक्त की लालसा
बढ़ा है श्रम का शोषण
बढ़े हैं जगत में देवताओं और अवतारों की संख्या
पूँजी ने जन्मे हैं फिर से नये अवतार,

तुमने जो कुछ भी देखा
नहीं था वह श्रम और पूँजी से अलग,

सुनो, दिकु दुनिया से
अलग रही है
हमारी सहजीवी व्यवस्था
श्रम के शोषण के नहीं
उसकी सामूहिकता के कर्णधार रहे हैं हम

नहीं बनाये हमने क़िले

नहीं बनाया कोई राजमहल
कला को भी हमने जिया है
श्रम में, सामूहिकता में,
कभी नहीं रही है हमारी दुनिया
कलाहीन और शोषण के पंजों से कुरूप
लेकिन हम रहे हैं एक द्वीप की तरह
ज्यों-ज्यों द्वीप में घुसती गयी
समुद्र की बेलगाम लहरें
हमारे अन्दर फैलने लगे सत्ता के विषाणु
हमारी अस्मिता और अस्तित्व के जड़
हमारे अन्दर से भी कटने लगे
चानर-बानर और उलट्बग्घा
हमारे अन्दर से ही बनने लगे''

फिर कुछ देर लम्बी साँस लेकर
सबको उम्मीद भरी नज़रों से देखने के बाद
डोडे वैद्य ने कहा–
''हम एक द्वीप के अन्दर ही रहे
सहजीवी जीवन के लिए
हमारा ही विस्तार होना चाहिए था
जो नहीं हो सका
अब जो उपचार होगा
रोगों के निदान का
महामारियों से मुक्ति का
उसका रास्ता भी यही होगा
इसी रास्ते है
मनुष्य और उसके सहचरों की दीर्घ मुक्ति
और इसके लिए जोड़ना होगा सम्बन्ध
द्वीप के बाहर भी
सहधर्मी संघर्षरत शक्तियों के साथ
सबको होना होगा
जन-संस्कृति का उद्धारक
जनवाद का समर्थक''

चुप रहे, शान्त रहे, मौन रहे
सुनते रहे, गुनते रहे, धुनते रहे
सात जन, सात कथा, सात जीवन,
हज़ारों सदियों से संचित चिन्ता थी
अनुभव भी था, ज्ञान भी था
डोडे वैद्य ने फिर कहना शुरू किया–
"दण्डकारण्य केवल दण्डकारण्य नहीं है
अबूझमाड़ की ध्वनियाँ अबूझ नहीं हैं
वह एक गीत है, रूपक है, दर्शन है
वह डूम्बारी बुरु है, सेरेंगसिया है
वह मानगढ़ है, भूमकाल है
अमेजन है, सारंडा है,

यहाँ जो आदमख़ोर पहुँचा है
वह जानवर है
जानवर नर है, पुरुष है, पुल्लिंग है
पितृसत्ता का प्रवक्ता
सेना, पुलिस, व्यवस्था का स्वरूप,

कितनी ही युवतियाँ थीं
जो शिकार बनायी गयीं
उनकी देह की गन्ध को
अभी महुए में घुलना बाक़ी था
महुआ के खिलने से पहले ही
उसे पाला मार गया
यहाँ बच्चे, बूढ़े औरत
और सभी सहजीवी तो मारे गये हैं
पितृसत्ता के उस प्रवक्ता के द्वारा,

ज़मीन चाहिए तो सेना बुलाओ
नदी चाहिए तो सेना बुलाओ
जंगल चाहिए तो सेना बुलाओ

फूल चाहिए तो सेना बुलाओ
जुगनू चाहिए तो सेना बुलाओ
इतना सैन्य संगठित है वह
कि स्त्री के गुप्तांगों तक में
ठोंकता है अपनी सत्ता
इतना चालाक है कि
वह स्त्रीलिंगों का करता है
पुल्लिग रूपान्तरण
पितृसत्ता का प्रचारक,
सभी सत्ताओं का उद्गम,

उन पहाड़ी दरख़्तों को देखो
जो अब तक भालुओं,
और खरगोशों की ओट से पवित्र था
उन्हें विस्थापित करता हुआ
उसी ओट से
उसे अपवित्र करता हुआ
दाख़िल हो चुका है
वह आदमख़ोर
हमारी सहजीवी दुनिया में

हर गाँव जो
'वैश्विक ग्राम' की
सन्धि-पत्रों से असहमत होगा
वह दण्डकारण्य होगा
और जहाँ अरण्य होगा
वहाँ बाघ का हमला होगा''

फिर सात कथा सात जीवन की साक्षी
सुगना मुण्डा की बेटी को सम्बोधित कर कहा–
''बिरसी !
तुम ही होगी

गितिः ओड़ाः की गोमके
धुमकुड़िया की धांगरिन
तुम्हारे ही कन्धों पर होगा
नयी पीढ़ी का उत्सव
नये युग का उद्घोष,

तुम बिरसी हो
सगुना मुण्डा की बेटी
तुम हो प्रवर्तक, प्रतिनिधि, नेत्री
समता की
सहजीविता की,

यहाँ रूपक में हैं मुण्डा
और मुण्डाओं के हैं रूपक
रूपक में हैं सब चेहरे
रूपक में ही तुम खड़ी हो
रूपक में ही हैं तुम्हारे शत्रु
रूपक ही होगा तुम्हारा प्रतिरोध
तुम्हारी आवाज़
केवल जल, जंगल, ज़मीन तक नहीं जाती है
हर बार तुम्हारी आवाज़ से
उभरा है सहजीविता का रूप
इसी स्वरूप के साथ करना होगा जन-मुक्ति का संघर्ष,

तुम हो बिरसी!
तुम हो बेटी!
तुम हो गोमके!
तुम हो नेत्री!
तुम हो आदिवासी गणतन्त्र की प्रहरिका!
पितृसत्ता के विरुद्ध
मातृसत्ता की मज़बूत अवशेष!
सभ्यता की समीक्षक!
सत्ताओं के प्रतिपक्ष की वाहिका!

तुम ही हो
नये सौन्दर्य की आयोजिका!

अब मैं तुम्हें सौंपता हूँ
अपना सम्पूर्ण अनुभव
सम्पूर्ण ज्ञान
सम्पूर्ण संवेदना
यह मैं सौंपता हूँ
'पुरखा छड़ी' और
बाघों के नियन्त्रण का गीत

तुम्हारे ही नेतृत्व में
होगा अस्मिताओं का उत्कर्ष
तुम्हारे प्रयोगों से ही होगा
साकार जन-मुक्ति का संघर्ष
जन-संस्कृति होगी
जनवाद होगा
हज़ारों वर्षों से बाधित
सकल संवाद होगा,

अब तुम्हारा
आह्वान ही बाक़ी है
नयी पीढ़ी के लिए
नये युग के लिए
उत्सव के लिए
साधना के लिए
संघर्ष के लिए
तुम्हारे ही हाथों विश्व को
रचना होगा मुक्ति-गाथा''

बिरसी मुड़ी
और राह मुड़ी
सबकुछ सौंप

डोडे वैद्य मुड़े
और मुड़ गया
गुड़ी विद्या का तरीक़ा

अब बाक़ी था
बिरसी का निर्णायक सम्बोधन।

4.

बिरसी उठी
और उसके साथ ही उठा
गितिः ओड़ाः का स्वर

संस्थागत रूप से इतर अवशेष
जो अब
व्यवहार में ही रह गया था
गितिः ओड़ाः का
धूमकुड़िया का
घोटुल का
आदिवासी गणतान्त्रिक व्यवस्था का,

साथ ही उठा स्वर नये स्वरूप में
विस्तृत मुक्ति की आकांक्षा के लिए
उलटूबग्घों का सामना करने के लिए
बिरसी के सामने
संघर्ष का जनवादी स्वरूप ही प्रस्तुत था,

अपने साथी सदस्यों की सहमति के साथ ही
नेतृत्वकारी भूमिका में उसने सम्बोधित कर कहा–
"सात कथा, सात जीवन का सार
सात पहाड़, सात समुद्र के पार पहुँचे
सहधर्मी संघर्षशील संग की खोज हो

मदाईत का आयोजन हो
और संघर्ष का सन्देश पहुँचे
नगाड़ों के स्वर में
उस आदमख़ोर की आहट को टोहने के लिए
नृत्य की भंगिमा बदले"

अस्तित्व की स्थापना के लिए
अस्मिता के उत्कर्ष के लिए
जन-मुक्ति के स्वर के साथ
वह वहीं खड़ी थी
जो उसके पुरखों की ज़मीन थी
जो उलगुलान था, हूल था
जनवाद का फूल था
समग्र सम्बोधन था उसकी चेतना में—
"यह देश बहुजन का है
यह देश बहुजन का होगा
दलित-पिछड़े, आदिवासी, स्त्री
सब शोषित जन, सब सर्वहारा
अस्तित्व और अस्मिता के साथ
आँख तरेंरेंगे आदमख़ोर को,

एक की आवाज़ दूसरे तक
दूसरे की तीसरे तक
तीसरे की चौथे तक
इसी तरह आवाज़ गूँज उठेगी
सात पहाड़ों पर, सभी दिशाओं से
आसमान में गीत होगा
'आदिजन, बहुजन हैं हम
सदियों से शोषित जन हैं हम
सब ओर से घिरे हुए सर्वहारा
हर तरह से खरोंचे हुए रक्तिम तारा
जल-जंगल-ज़मीन रहित

नहीं होंगे शत्रु पराजित'

सात कथा, सात जीवन
श्रमिक जन से ही
होगा सकल परिवर्तन
एक गीत, एक तारा,
रक्तिम तारा—सर्वहारा! सर्वहारा! सर्वहारा!"

और संगी साथियों ने भी
दिया अपनी सहमति का स्वर—
"ओ आदमख़ोर!
तुम्हारी सुरक्षा में साँप, बिच्छू,
और घड़ियालों की फ़ौज है
तुम्हारी वासनामयी आँखें दहक रही हैं
तुम्हारी जीभ लार टपका रही है
अपनी पैनी दाँत और पंजों के साथ
तुम हमारी ओर बढ़ रहे हो
लेकिन देखो!
हम तुम्हारे सामने निर्भय खड़े हैं,

तुम्हारे साथ कानूनविद् फेकसियार हैं
बुद्धिजीवी, पत्रकार, साहित्यकार मगर हैं
अफ़सर और शिक्षक भी—सब उल्लू हैं
(सब रात को ही ताँक-झाँक करते हैं)
तुम हम पर कूटनीतिक हमला करोगे
लेकिन छीन नहीं सकते हमसे हमारी चेतना,

ओ! चारों ओर से
हमें घेरे हुए आदमख़ोर!
गुप्तचरी में दक्ष
हमारे ही बीच घुसे हुए
कुनुईल, उलट्बग्घा, आदमख़ोर,

तुम्हारी खरोंच से
ख़ून धरती पर रिस रहा है
और उससे अंकुरित हो रहे हैं रक्तबीज
रक्तपान करने के बाद
तुम कहाँ दुबक गये हो?

इस भयावह रात में भी
हम पहचान सकेंगे
तुम्हारी पदचाप, तुम्हारे पदचिह्न,
अब देह नहीं घूमेगी रोगग्रस्त और पीड़ित
अब कोई साँप काटने से आकस्मिक मौत नहीं मरेगा
अब गोड़ बाथा, मुड़ बाथा
देह बाथा, मन बाथा की प्रताड़ना नहीं होगी
नहीं होगा असमय
हमारी सहजीवी सभ्यता का नाश''

और उन्होंने सामूहिक स्वर में पुरखों को पुकारा–
''अब कुछ भी अधूरा न हो
अधूरा न हो
अस्मिता और अस्तित्व का स्वर
अधूरी न हो जन-संस्कृति
अधूरा न हो जनवाद
लड़ाई अधूरी न हो
जय हो! जोहार हो! जोहार हो!''

सातों जनों ने
पुरखों को अर्पित किया हँड़िया
उन्होंने संग उनके गीत गाया
और महुए की तरह
उसकी ख़ुशबू फैल गयी जंगल में
''सुनो रे, सोना रे
जंगल में युद्ध नाद हो रहा है

सुनो रे, सोना रे
जंगल में बिगुल बज रहा है
रियो, रियो, हय रे
सुनो रे, सोना रे
गीत गाओ, पंख सजाओ''

समग्र सम्बोधन के साथ
अन्तिम बार बिरसी ने कहा–
''अभी-अभी हमारे गाँव में
बाघ ने हमला बोला है
घाव ताज़े हैं
ख़ून लगातार रिस रहा है
ख़ून पीकर आदमख़ोर
कहीं झाड़ियों में डकार ले रहा है
वह फिर आयेगा,
हमें याद हैं पुरखों के क़िस्से
याद हैं उनके गीत
याद हैं उनकी छापामार कलाएँ
हम जानते हैं जंगली पगडण्डियों का नक़्शा
हम जानते हैं
महुए की 'टप-टप' और
आदमख़ोर की आहट का फ़र्क़
उसके पंजों के निशान यहीं हैं
वह यहीं कहीं है झाड़ियों में डकार लेता हुआ,

जाओ, जाओ हुकनू
जाओ, जाओ जोना
जितनी जाओ
बिधनी जाओ
सब जाओ लाँघ कर
इतिहास की दीवारें
दर्शन की खाई
और सब पहाड़ों को

पूरब-पश्चिम, उत्तर-दक्खिन
नगाड़ों का सम्पूर्ण नाद पहुँचे यहाँ से सब ओर
अनूदित भाषाओं के अख़बारों का भ्रम तोड़ कर
हो सहजीविता का सामूहिक गान''

और बिरसी की
बाँहों के साथ ही खुलीं
गीतों की बाँहें
धनुष का आलिंगन खुला
समूह की भुजाएँ वहीं जुड़ गयीं
और वहीं बन गया अखड़ा—

''हमारे देश में
हमारी दिशाओं में
बाँसुरी की धुन है
मांदल की थाप है,

सुनो रे हे टिरुंग
सुनो रे हे असकल
तलवार चमकाते हुए
मशाल लिए हुए
कहाँ जा रहे हो?

जदुर के लिए जा रहे हो
करम के लिए जा रहे हो
लड़ने के लिए जा रहे हो
भिड़ने के लिए जा रहे हो
कहाँ जा रहे हो?

सुनो रे हे टिरुंग
सुनो रे हे असकल
संगी सगोतियों को
न्योता देते जाओ।''

सहिया शब्द

1. **उलट्बग्घा/कुनुईल/चानर-बानर :** आदिवासियों (मुण्डाओं) की दन्तकथाओं एवं किंवदन्तियों के अनुसार कुछ लोग बाघ बनने की विद्या (कला) जानते हैं। वे आदमी से बाघ का रूप धारण करते हैं। इस कला का प्रयोग वे अपने हित के लिए ही करते हैं। कई किंवदन्तियों में यह सम्पत्ति की लालसा के रूप में मिलता है, तो कई बार यह प्रभुत्व बनाने के रूप में अभिव्यक्त हुआ है। इसका स्वरूप हमेशा ही हिंसक रहा है। कहा जाता है कि जब वे दूसरे का शिकार नहीं कर पाते हैं तो अपने ही स्वजनों को शिकार बना लेते हैं। मुण्डारी में उन्हें 'चानर-बानर' या 'कुनुईल' कहते हैं। सादरी (सदानी भाषा) में उन्हें 'उलट्बघा' कहा जाता है।
2. मुण्डाओं में वैद्य-विद्या सीखने की एक प्रक्रिया है–**'गुड़ी'**। यह आदिवासी चिकित्सा विज्ञान की एक विधा भी है। मुख्यतः यह साँप के विष निवारण की औषधि के ज्ञान की विद्या है। 'बंदई' की अमावस्या की रात में इस तरह के वैद्य-विद्याओं की अन्तिम परीक्षा होती है। माना जाता है कि बंदई के दिन ही अमानवीय शक्तियाँ भी साधना करती हैं। यह बड़ा रोचक है एक तरफ़ मनुष्यता के लिए साधना है तो दूसरी तरफ़ प्रभुत्व के लिए। **'बंदई'** आदिवासियों का एक त्योहार है। यह त्योहार मवेशियों के साथ उनके सम्मान में मनाया जाता है। कुछ आदिवासी समुदाय इसे 'सोहराई' भी कहते हैं। मुण्डारी में 'बंदई' कहा जाता है।
3. **'अहद्र् सिंग'** एक प्रकार का जंगली पौधा है। ऐसा माना जाता है कि इसे लाँघने वाला अपनी वास्तविक़ता से अलग किसी दूसरी वास्तविकता में पहुँच जाता है। यानी, किसी और दूसरी वास्तविक दुनिया में।

4. **गितिः ओड़ाः** (मुण्डा समाज), **धुमकुड़िया** (उराँव), **घोटुल** (मुड़िया), आदिवासी समाज की संस्थाएँ रही हैं। ख़ासकर अविवाहित युवक-युवतियों के लिए। यहीं युवक-युवतियाँ समाज के लिए उत्तरदायी बनते हैं। ये संस्थाएँ आदिवासियों की पाठशाला रही हैं।
5. **जदुर, करम, खेमटा, छऊ** आदिवासी नृत्य की शैलियाँ हैं। इन शैलियों में गीत भी होते हैं। **पाड़ू** भी गीत की एक शैली ही है।
6. **कम्पनी तेलेंगा** : ब्रिटिश कम्पनी के सिपाही/अंग्रेज़ सिपाही।
7. **देंवड़ा** : पूजा।
8. **दिकू** : शोषणकारी बाहरी लोग, अंग्रेज़, ज़मींदार।
9. **गुन्गू** : आदिवासी बरसाती (रेन कोट), जो पत्तों से बुना जाता है।
10. **बहिंगा** : लकड़ी का एक प्रकार, जो बोझा ढोने के काम आता है।
11. **दई** : दीदी, बड़ी बहन।
12. **सेंदेरा** : शिकार।
13. **नुन्नी** : वात्सल्यपूर्ण सम्बोधन।
14. **मुण्डा** : समुदाय, समाज का प्रमुख, प्रतिनिधि।
15. **गोट** : समूह।
16. **बुनुम** : दीमकों का टीला। माना जाता है कि इसी टीले पर देह रगड़ कर उलटूबग्घा कायान्तरण करता है।
17. **खूट** : पूर्वज, पुरखे, मूल।
18. **मदरा मुण्डा** : जिन्होंने मुण्डाओं के गणतन्त्र की स्थापना की।
19. **हीरा राजा** : मुण्डाओं का लोकप्रिय राजा, जिसे सबसे ज़्यादा हीरों का ज्ञान था।
20. **रिसा मुण्डा** : मुण्डाओं को छोटानागपुर में ले आनेवाला पूर्वज।
21. **कुजरी** : एक प्रकार का तेल, जो बंदई त्योहार के लिए अनिवार्य होता है। यह पूजा कर्म में शामिल है।
22. **टूनटा साईल** : मुण्डाओं के एक गोत्र का टोटेम। जंगली भैंस।
23. **सिनगी दई** : लड़ाकू आदिवासी महिला, जिसने स्त्रियों की फौज़ बनाकर मुग़लों का वीरतापूर्वक सामना किया।
24. **सोसोबोंगा** : मुण्डाओं की लोकगाथा।
25. **लुटुकुम हड़म और लुटुकुम बूढ़ी** : मुण्डाओं के आदि पूर्वज।

26. **मदाईत :** सामूहिक कर्म की परम्परा।
27. **गोड़ बाथा, मुड बाथा :** हाथ-पैर दर्द, बीमारी।
28. **टिरुंग, असकल :** जंगली पक्षी।
29. **हड़म :** बुज़ुर्ग।
30. **डुम्बारी बुरु :** बिरसा मुण्डा के उलगुलान का केन्द्र, पहाड़ का नाम।

❑❑